Glória Leite

Wir spielen und kiffen, was sonst?

Politische Satire

Von Glória Leite bereits erschienen:

Mas posso levar meu Laptop? (bras.)
Welch ein Wurm!? Politische Satire

Autorin

Glória Leite wurde in Brasilien geboren, studierte Geschichte an der Universität des Bundesstaats Rio de Janeiro und verbrachte anschließend zwei Jahre in den USA. Seit 1992 lebt sie in Deutschland.

Glória Leite

Wir spielen und kiffen, was sonst?

Politische Satire

Bibliografische Information Der Deutschen Bibliothek

Die Deutsche Bibliothek verzeichnet diese Publikation in der Deutschen Nationalbibliografie;

detaillierte bibliografische Daten sind im Internet über

dnb.d44nb.de abrufbar.

Vollständige Taschenausgabe

Alle Rechte vorbehalten

Copyright © 2010 Glória Leite

Herstellung und Verlag: Books on Demand GmbH, Norderstedt

Printed in Germany

ISBN: 9783839152911

Für die Waisenkinder des Neoliberalismus

Erklärung

Bevor ich zu schreiben beginne, möchte ich anmerken, dass die folgende Geschichte gänzlich meiner Vorstellung entsprungen ist und ich als Verfasserin die Möglichkeit und das Recht habe, mich in diese einzumischen. Deshalb werde ich immer dann eingreifen, wenn es notwendig ist, um die Aussagen der beteiligen Personen zu verdeutlichen. Ebenso werde ich einschreiten, wenn ich bemerke, dass die Akteure sich nicht gut benehmen. Das sollte die Leser nicht verwirren. Ich werde aus wechselnden Perspektiven beobachten, analysieren und bewerten, damit immer alles unter meiner Kontrolle bleibt. Ich verspreche, das Geschehen an einer kurzen Leine zu halten.

1

Drei Freunde treffen sich in Gerhards großem, modern dekoriertem Wohnzimmer. Ein eckiges, weißes Ledersofa und ein riesiger Plasmafernseher beherrschen den Raum. Es gibt noch zwei zusätzliche Hocker, einen Couchtisch und ein langes Bücherregal voller noch in Plastik gehüllter Bücher. Dazu eine Blumenvase mit roten Rosen und Dekoobjekte, die seine Eltern von überall her zusammengekauft haben. Eine Leiter steht neben dem Bücherregal.

»Heute siehst du wirklich sexy aus!«

»Ach, bitte!«, antwortet Angela.

»Gerd, sie mag es nicht, wenn du sie so direkt lobst«, erläutert Fritz.

»Es ist selten, dass du dich, wie sagt man, chic, nein, erotisch anziehst.«

»Du hast recht. Man muss sie dazu ermuntern.«

»Warum ermuntern?«, fragt Angela neugierig.

»Weil du immer Hose und Blazer anhast, und heute trägst du ein Kleid.«

»O, là, là ... und dieser tiefe Ausschnitt ...«, provoziert Gerhard sie weiter.

»Man freut sich, deine Titten zu sehen«, sagt Fritz.

»Mit diesem Kleid merkt man, wie riesig sie sind. Hör mal, du solltest das öfter anziehen. Und immer schwarz!«, ergänzt Gerhard. »Der Kontrast zu deiner weißen Haut ist geil.«

»Habt ihr die Blume ...?«

»Ja!«, unterbricht Fritz sie.

»Passt doch gut zu der Farbe des Kleides«, setzt Gerhard fort.

»Ist das eine Sonnenblume?«, will Fritz wissen.

»Weiß ich nicht genau. Als ich sie gekauft habe, habe ich einfach nach einer gelben Blume gefragt.«

»Und die Verkäuferin hat dir dieses formlose Ding gegeben?«, fragt Fritz.

»Genau. Eigentlich war es mir egal, welche sie mir gibt. Hauptsache eine Blume. Und gelb.«

Angela trägt eine skandalöse knallgelbe Blume über der rechten Schulter.

»Ich habe dieses ›formlose Ding‹, wie Fritz sagt, schon mehrfach getragen.«

»Aber nicht zusammen mit diesem Kleid.«

»Stimmt, Gerd«, sagt Fritz.

»Genug! Hört auf, über mein Kleid zu reden!«

Eigentlich ist Angelas Kleid banal.

»Und Gerd, der ständig diesen roten Schal um dem Hals trägt, und du, Fritz, ziehst immer dieses knallrote Hemd an«, verteidigt sich Angela neckend.

»Mein Schal ist nicht mehr so rot wie damals«, entschuldigt sich Gerhard.

»Schäme dich, Gerd«, sagt Fritz. »Er ist rosig ...«

»Er ist blass geworden.«

»Alt, farblos und grün. Seht euch nur den Fleck hier an!«, bemerkt Angela und zeigt auf einen grünen Punkt.

»Oh, Scheiße! Den hab ich nicht gesehen.«

»Jedenfalls passt grün auf rot gut.«

»Angie hat recht. Frauen verstehen eben mehr von Farbkombinationen als wir Männer.«

»Aber sicherlich nicht Angie. Sie trägt immer diese farblosen Blazer, die ihren Busen verstecken.«

»Ich weiß, ich sehe wie ein Mann aus und, wie du oft sagst, um mich noch schlimmer zu machen, sogar geschmacklos. Auch über mein Männerparfum beschwerst du dich.«

»Aber Männerparfum, Angie? Warum nicht Frauenparfum?«, fragt Fritz.

»Frauenduftwässer sind zu süß. Die passen nicht zu mir.«

»Angie, Angie oder besser gesagt meine Jeanne d'Arc. Ich weiß, du hast immer unter meiner Macht gelitten.«

»Ich? Bist du verrückt? Ich bin viel stärker als du. Ich bin intelligenter als du. Ich bin disziplinierter als du. Du bist nur ein Don Juan, der es liebt, seinem Vater Zigarren zu klauen.«

Seit Angela und Gerhard klein waren, triezen sie sich gegenseitig jeden Tag.

»Wann kommen Joschka und Rudolf?«, fragte Fritz.

»Oh, diese neue Freundin von Rudolf«, sagt Angela mutlos.

»Die klebt an ihm«, beschwert sich Fritz.

»Rudolf kommt nicht«, informiert Angela die anderen.

»Nicht nur Angie ist verärgert. Ich auch. Er ist schon wieder im Schwimmbad«, beklagt sich Gerhard.

»Obwohl er Wasser hasst«, fügt Fritz hinzu.

»Aber was ein Mann für eine Frau nicht alles tut«, erwidert Gerhard träumerisch.

»Und Joschka?«, will Angela wissen.

»Der Kerl läuft«, antwortet Gerhard.

»Wohin?«, fragt Angela.

»Wie wohin? Er läuft jeden Tag. Sein Traum ist, Marathon-läufer zu werden.«

»Er läuft vor sich selbst weg«, sagt Fritz ohne Mitleid.

»Wenn zwei ausfallen, was machen wir heute dann?«

»Na, was schon, Angie. Wir spielen und kiffen, was sonst?«, antwortet Gerhard.

»Ich hole die Bierflaschen«, fügt Fritz hinzu und geht in die Küche. »Für dich auch Angie?«, fragt er im Vorbeigehen.

»Ne. Für mich wie immer.«

»Probier doch mal was anderes, Angie.«

»Weißt du, dass du der einzige Mensch auf dieser Welt bist, der Kirsch Whisky trinkt?«, kommentiert Gerhard.

»Du sprichst über Kirsch Whisky und ich denke gerade daran, Geld damit zu verdienen.«

»Wie?«, fragt Gerhard neugierig.

Angela denkt nur ans Geld. Sie ist die wichtigste Vertreterin des freien Marktes, des Neoliberalismus, des ungezügelten Kapitalismus in der ganzen Welt.

»Meine breite Kenntnis erlaubt mir, verschiedene Produkte zu vermischen, und in Kirsch Whisky ...«

»Das ist aber illegal!«, erwidert Gerhard.

»Egal. Ich werde es nur an meine Freunde verkaufen.«

»Furchtbar.«

»Und gefährlich«, bestätigt Fritz, der die Getränke und Pommes auf einem Tablett aus der Küche bringt.

»Ich werde diesem Kornwurm auf keinen Fall trinken«, verteidigt sich Gerhard.

»Du wirst nicht daran sterben«, drängt Angela weiter.

Seitdem sie begonnen haben, zu studieren, treffen sich die fünf Freunde einmal in der Woche. Ich sage fünf, weil Joschka und Rudolf auch dazugehören. Das Problem für die drei ist im Augenblick, dass Rudolfs neue Freundin alles tut, was in ihrer Macht steht, um ihn von ihnen fernzuhalten. Und Joschka, der läuft und läuft, sogar abends am Wochenende.

»Sie ist eifersüchtig«, beklagt sich Angela nachdenklich.

»Wer? Wovon sprichst du jetzt?«, fragt Fritz.

»Alle Frauen sind eifersüchtig«, generalisiert Gerhard, der jedes Semester eine neue Freundin hat.

Es ist das vierte Semester.

Gerhard fragt, ob sie nicht wieder einmal ein Spiel ausprobieren sollen, da sie schon lange nicht mehr gespielt hätten. Sie stimmen zu. Gerhard steht auf und nimmt den Karton aus dem Schrank. Er nutzt die Chance, die Päckchen Haschisch, die unter dem doppelten Boden der Schublade versteckt sind, zu holen. Sie sitzen um den Tisch, auf den Gerhard das Spiel stellt.

»Wie immer nehme ich die schwarze Spielfigur«, sagt Angela.

»Und ich die rote«, ergänzt Gerhard.

»Nein, nein. Ich nehme die rote.«

»Ihr habt beide recht, aber Fritz hat mehr recht. Gerhard, du hast lange mit der roten gespielt und oft verloren. Jetzt ist Fritz dran.«

Damit schlichtet Angela den Streit.

»Musik zum Entspannen!?«, schlägt Angela vor.

Gerhard macht das Radio an. Es ist sehr laut. Wie in einer Live-Show.

»Diese Musik macht mich krank«, sagt Fritz nach einer Weile und bewegt den Kopf, als hätte er eine Fliege vor der Nase.

»Du brauchst Zeit, dich daran zu gewöhnen«, versucht Angela, ihn zu trösten, während sie das Haschisch erhitzt, zerkrümelt und mit Tabak vermischt.

»Früher mochte ich die Musik auch nicht, aber je mehr ich sie höre, desto angenehmer wird sie. Meine Ohren tun jetzt nicht mehr weh.«

Angela lacht herzlich über Gerhards Übertreibung.

»Wie heißt der Sänger?«, fragt Fritz.

»Keine Ahnung«, antwortet Gerhard.

»Das ist eine Gruppe vom Anfang der 70er-Jahre. Die heißen Chicago Boys. Der Bandleader heißt John Williamson«, erläutert Angela, die alles über die Gruppe weiß.

Und Gerhard fügt hinzu: »Ich weiß nur, dass die Mehrheit der Musikband aus Chile kam.«

»Stimmt«, erläutert Angela. »Sie haben sich in Amerika getroffen, als sie an der Chicago Universität studierten.«

In diesem Moment klopft jemand an die Tür. Angela und Fritz schauen Gerhard überrascht an, der schüchtern sagt, es wäre nur der Gärtner, der am Wochenende dageblieben ist.

»Kommen Sie rein!«

»N'Abend«, grüßt Herr Fischer.

»Ich gehe davon aus, dass Sie Ihren roten Wein abholen wollen.«

Herr Fischer lacht demütig.

»Rotwein für grüne Kehlen«, sagt er schüchtern.

Sein großer Bauch wackelt.
Gerhard gibt ihm die Flasche. Herr Fischer versucht, die billige Wein-
flasche zu greifen, aber er schafft es nicht. Der Wein fällt hinunter.

»Es tut mir leid«, entschuldigt er sich. »Ich kann nicht gut
sehen.«
»Macht nichts.«
»Und jetzt?«, fragt er ratlos.

Gerhard denkt einen Moment nach.

»Ich weiß schon. Ich gebe Ihnen eine von meinen Eltern.«

Er geht in den Keller. Herr Fischer macht den Boden sauber.

»Sicherlich haben Sie nie in Ihrem Leben einen so teuren
Wein getrunken wie diesen«, sagt Gerhard, als er zurückkommt.

Herr Fischer versucht, den Namen des Weins zu lesen.

»Er ist bestimmt sehr gut.«
»Kennen Sie ihn!?«

Gerhard ist erstaunt, dass Herr Fischer ein Weinkenner ist. Der hält
sich die Flasche vor die Augen.

»Ich kann nicht gut lesen. Ich brauche eine Brille, aber ah …
Ich mu-muss gehen.«

Aber bevor der Gärtner geht, nähert sich Angela ihm. Sie betrachtet ihn, als wäre er etwas Exotisches aus einer anderen Welt. Sie beschnüffelt ihn. Der Gärtner geht weg.

»Der Mann hat die Flasche kaum erkannt. Wie konntest du ihn fragen, ob er den Namen des Weins sieht? Bist du doof?«, fragt Fritz.

»Warum ist er hiergeblieben?«, fragt Angela.

»Weil er kein Geld hat, um nach Hause zu fahren.«

»Ähh ...«, murmelt Angela.

»Meine Eltern bezahlen ihn als Ein-Euro-Jobber.«

Gerhard wohnt in einem riesigen Haus, das seinen Eltern gehört. Sein Vater arbeitet bei dem russischen Staatskonzern Gazprom, dem weltweit größten Erdgasförderunternehmen, das 1992 privatisiert wurde. Vor einiger Zeit übernahm er den Vorsitz des Aufsichtsrats. Seine Mutter, eine Journalistin, ist bei einer Tochter der Gazprom als PR-Beraterin tätig. Sie wünschen sich, dass Gerhard ihren Reichtum erbt und ihn gut verwaltet. Deswegen studiert er Jura.

»Er riecht komisch. Erinnert mich an Stallgeruch. Ich mag ihn sehr gerne«, sagt Angela kokett.

Angela stammt aus einer religiösen und bürgerlichen Familie.

»Aber sicherlich hat sein Stallgeruch mit dem, worüber du spricht, nichts zu tun«, wirft Fritz ein.

Fritz stammt aus einer Arbeiterfamilie. Seine Freunde, die aus der Mittelklasse oder höheren gesellschaftlichen Kreisen kommen, kennen ihn als Kommilitonen aus einem Studentengremium.

»Wenn er von einem Ein-Euro-Job lebt, dann hat er sicher kein Geld für eine neue Brille, und über kurz oder lang wird er blind werden.«

Wenn Fritz solche Bemerkungen macht, weiß er, wovon er spricht.

»Jetzt kommt Fritz, der Verteidiger des Proletariats.«
»Ohne Sarkasmus bitte«, bittet Angela.

Fritz schaut Gerhard mit milder Ironie an.

»An die grundlegenden menschlichen Interessen zu denken, hat doch wohl nichts mit der Verteidigung des Proletariats zu tun.«

Gerhard hört Fritz nicht zu, sondern spricht weiter.

»Ein paar Gläser Alkohol reichen, um Herrn Fischer die Zunge zu lösen. Als ich mich einmal im Garten langweilte, kam er zu mir mit einer Flasche Schnaps und setzte sich auf den Boden neben meinem Stuhl. Er erzählte mir dann ein bisschen von seinem Leben. Ich weiß, dass er nicht immer ein Penner war. Früher war er zum Beispiel bei Opel tätig.«
»Interessant!«, meint Angela.

Fritz setzt sich ganz gerade hin und wendet sich Gerhard zu.

»Als junger Mann beteiligte er sich an Straßenkämpfen und engagierte sich in der Studentenbewegung von 68.«
»Ich kenne solche Typen. Es scheint, er war ein Anarchist.

Das bedeutet, er hat bekommen, was er verdient«, sagt Angela und befeuchtet ihre rosigen Lippen mit dem Kirsch Whisky.

Fritz lacht leise und mokant.

Gerhard fährt fort. »Meine Eltern stammen auch aus dieser Generation, doch sie sind keine 68er gewesen. Wohl wegen ihrer Herkunft. Man kann auch sagen, weil sie nicht über das dazu nötige politisch-intellektuelle Verständnis verfügten. Sie mussten nicht lange nachdenken. Wie sie sagen, wussten sie immer, auf welche Seite sie gehörten.«

»Seit wann arbeitet er für deine Eltern?«, fragt Fritz.

»Genau weiß ich das nicht. Eigentlich interessiere ich mich nicht für die Hausangestellten. Sie kommen und gehen, ohne dass ich es bemerke. Aber in diesem Fall weiß ich, dass er im dem Restaurant ›Gargantua‹ gearbeitet hat.«

»Wo ist das?«, fragt Fritz.

»Soweit ich weiß in Frankfurt. Er war stolz, als er den Namen sagte. Natürlich glaubte er, ich würde das Lokal kennen.«

»Ich kenne solche Typen«, sagt Angela. »In dem Restaurant hat er bestimmt den übrig gebliebenen Alkohol getrunken und deswegen hat ihn sein Chef dann auf die Straße geworfen.«

Angela beweist hier ihr analytisches Denken. Sie studiert Physik.

»Angie, der ›Penner‹ ist doch ein Mensch, der seine Arbeit verloren hat. Und er hat auch ohne Zweifel fast sein ganzes Leben lang Arbeitslosenversicherung bezahlt. Und jetzt, mit dieser neuen Politik, ist er auf die niedrige Grundsicherung angewiesen. Er ist verpflichtet, irgendeine Arbeit anzunehmen. Egal, welche Qualifikation er hat – er muss den angebotenen

Job nehmen«, erklärt Fritz, der Philosophie und Politikwissenschaft studiert.

»Aber er kann auch Nein sagen, bis er etwas findet, das ihm gefällt.«

»Du träumst. Der Staat greift zu repressiven Sanktionen. Er muss alles annehmen, egal was.«

Gerhard sagt nichts dazu, als ob er nichts damit zu tun hätte. Er steht einfach auf, macht das Radio aus und stellt sich neben Angela.

»Angie», sagt er leise und zärtlich, »dreh uns den Joint schneller. Bevor wir anfangen, möchte ich einmal kiffen.«

2

Gerhard erklärt das Spiel. Einer soll eine Karte nehmen und die Frage vorlesen, die draufsteht. Wer die richtige Antwort gibt, darf die beiden Würfel werfen. Entsprechend der Punktzahl bewegt man seine Spielfigur. Auf den Feldern erscheinen verschiedene Gegenstände, die man ›kaufen‹ kann, wenn man dorthin gelangt. Am Anfang bekommen alle gleich viel ›Geld‹ zugeteilt. Gewinner ist, wer am Ende den höchsten Betrag besitzt.

Angela spielt mit der schwarzen Spielfigur. Gerhard spielt mit der grünen und Fritz mit der roten. Gerhard und Fritz trinken weiter Bier, Angela Kirsch Whisky. Das Spielbrett liegt auf dem Tisch. Der Kartenstapel liegt in der Mitte und ›Geld‹ bei jedem Spieler.

Gerhard beginnt. Er nimmt eine Karte und liest vor.

»Wann wurde die Berliner Mauer gebaut?«

»Keine Ahnung«, sagt Fritz sofort.

»Ich weiß nicht exakt, aber ...«, sagt Gerhard.

»Ich weiß es ganz genau. Am 13. August 1961«, ruft Angela und spricht weiter. »Ich weiß sogar, wann die Menschen die Mauer zerstört und sie unkontrolliert passiert haben. Am 9. November 1989.«

»Aber das ist krass«, sagt Gerhard, den Angelas Beschlagenheit verblüfft.

»Das werde ich nie vergessen. Am Tag des Mauerfalls sind eine Freundin, meine Mutter und ich in die Sauna gegangen. Ich erinnere mich noch, dass wir zu Hause immer gesungen haben, ›Wenn die Mauer mal weg ist, gehen wir ins Kempinski Austern essen‹.«

»Cool«, sagt Gerhard.

»Und bist du mit deiner Familie ins Kempinski gegangen?«, fragt Fritz neugierig.

»Selbstverständlich nicht.«

»Wer würde an einem solchen Tag an Essen denken? Alle wollten nur über die umgestürzte Mauer gehen, die DDR verlassen und die Ereignisse im Fernsehen bestaunen«, fügt Gerhard hinzu.

»Dann ist also klar, dass ich die Frage richtig beantwortet habe?«, hakt Angela nach.

Als ihre Freunden das bestätigen, verliert sie keine Zeit und würfelt.

»Ich habe eine Zwei und eine Eins.«

Sie geht mit der Spielfigur bis zu einem Feld mit einen Tisch im Stil von Ludwig dem XIV. und ›kauft‹ ihn.

»Juhuuu!«, schreit sie jubelnd.

Jetzt ist Angela an der Reihe. Sie nimmt eine Karte und liest vor.

»Wer war der erste deutsche Bundeskanzler?«

»Konrad Adenauer«, antwortet sofort Gerhard aus der Küche, aus der er zwei Flaschen Bier holt.

»Richtig!«, meint Fritz.

»Und ich sag noch mehr dazu. Der ›Graupenauer‹ ist aus der CDU«, fügt Angela hinzu.

»Woher kommt dieser ›Graupenauer‹?«, fragt Gerhard gespannt, als er zurückkommt.

»Meine Eltern behaupten, Adenauer sei ein Visionär gewesen.

Als er sah, dass der Erste Weltkrieg verloren war, begann er, Lebensmittel zu lagern, unter anderem Graupen.«

»Aha!«, ruft Fritz aus.

»Ich hab die richtig Antwort gegeben«, sagt Gerhard und würfelt.

Er ›kauft‹ ein kleines Haus mit Garten in der Provence.

»Ich bin mir nicht sicher, ob ich das Richtige studiere. In Wahrheit würde ich lieber einen Beruf haben, in dem ich viel reden und reisen kann«, klagt Gerhard und lehnt sich an das Sofa.

»Gerd, so klingst du traurig«, kommentiert Fritz, nachdem er sein Bier aufgemacht hat.

»Ist das, weil du ein Haus ›gekauft‹ hast?«

»Auch.«

»Wie ›auch‹? Wenn du nicht willst, lass es doch. Ich werde es bestimmt in der nächsten Runde auf Pump kaufen.«

»Angie, denkst du nur ans Kaufen? Weißt du nicht, dass es zwischen Himmel und Erde mehr als nur Kirsch Whisky und Konsum gibt?«, fragt Fritz empört.

»Eigentlich habe ich mich im Studium noch nicht zurechtgefunden. Aber ich weiß, dass, wenn alles so weitergeht, ich in meinem Leben nur konsumieren und unwichtige Dinge anhäufen werde. Genauso wie meine Eltern, die viel Geld bei Gazprom verdienen und nicht wissen, was sie damit anfangen sollen.«

»Hör doch damit auf und trink ein paar Biere. Anschließend siehst du alles wieder im grünen Bereich. Übrigens, unsere Ferien in Positano, in Italien, sind die noch aktuell?«

»Ja, ja. Mach dir kein Sorgen, Angie. Entweder fahren wir dahin oder nach Ischia, wie du möchtest.«

»In Italien musst du leider deinen Busen bedecken. Stell dir vor, du triffst Berlusconi am Strand und liegst halb nackt vor ihm.«

»Berlusca ist pervers«, bestätigt Gerhard.

»Er ist bestimmt sexsüchtig«, sagt Angela und legt beide Arme gekreuzt auf ihre Brüste, als wäre Berlusconi gerade bei ihr gewesen.

»Er kommt nicht hierher. Zumindest hier in Deutschland brauchst du keine Angst haben«, sagt Fritz und lacht.

»Aber ich komme!«, sagt Gerhard und springt auf Angelas Titten.

»Ah, du Schwein!«, sagt sie und schiebt ihn mit Gewalt weg, nachdem er angefangen hat, seine Nase zwischen ihren Busen zu reiben.

Gerhard verliert das Gleichgewicht und fällt auf dem Boden.

»Okay, Leute, jetzt bin ich dran«, kündigt Fritz an und nimmt eine Karte. »Welcher deutsche Politiker sagte in Bezug auf den deutschen Bundestag ›Eine unglaubliche Alkoholikerversammlung, die teilweise ganz ordinär nach Schnaps stinkt‹?«

Genau in diesem Moment klingelt das Telefon. Es ist Joschkas Mutter. Sie fragt Gerhard, ob er wisse, wann ihr Sohn nach Haus kommt.

»Der läuft«, antwortet dieser und legt das Telefon sofort wieder auf.

»Weiß der Geier!«, ruft Angela aus und stellt beide Beine auf das Sofa.

»Diese Frage ist verfänglich. Die könnte von jedem Politiker sein, der glaubt, er sei der Engel Gabriel«, kommentiert Gerhard.

»Du meinst ein Puritaner?«

»Genau, Fritz.«

»Wenn niemand die Antwort weiß, darf ich dann eine neue Frage stellen?«

Angela und Gerhard stimmen zu.

»Woher kommen die politischen Bezeichnungen ›links‹ und ›rechts‹?«

Angela hebt sofort die Hand und sagt, sie wüsste es.

»›Links‹ ist das, was damals in der DDR existierte. Aber seit dem Mauerfall gibt es keine DDR mehr und kein ›links‹. Nur noch ›rechts‹. Und ›rechts‹ bedeutet ...«

Fritz unterbricht sie.

»Angie, bitte, hier, kiff! Vielleicht denkst du nachher besser.«

»Warte mal! Gebt mir noch eine Chance, bitte«, fleht sie die beiden an und gibt den Joint weiter. »Das, was ich gerade gesagt habe, kann man besser so erläutern. Es gibt kein ›rechts‹ mehr. Es gibt kein ›links‹ mehr. Es gibt nur noch ›vorne‹.«

»Und ich bin ein Esel. Richtig?«, behauptet Fritz.

»Wie mein Vater oft sagt. Es gibt gar keine rechte oder linke Wirtschaft, nur die richtige.«

»Und ihr beide, inklusive deines Vaters, Gerd, seid Opportunisten, Arschlöcher.«

»Bleib ganz ruhig, Fritz«, sagt Gerhard und nutzt die kurze Pause, um die Diskussion weiterzuführen. »Jetzt weiß ich. Das hat irgendwas mit Frankreich zu tun.«

»Ja, stimmt! Mit der Französischen Revolution. Damals hatten nur die katholische Kirche und die Aristokratie irgendwelche Rechte«, behauptet Fritz.

»Aber das Volk auch«, ergänzt Angela.

»Welche denn?«, fragen Gerhard und Fritz einstimmig.

»Sie hatten das Recht, zu arbeiten.«

»Ach so.«

»Stimmt, Angie«, sagt Gerhard, nachdem er einen Zug genommen hat.

»Die Bezeichnung wird auf die Französische Revolution von 1789 zurückgeführt. Bis dahin wurden der Klerus und Adel, also der erste und zweite Stand, vom dritten Stand, dem Volk, quasi auf dem Rücken getragen. Die Mitglieder der Nationalversammlung, die die Monarchie unterstützten, also der Adel und der Klerus, saßen auf der rechten Seite des Königs. Der dritte Stand, der für Reformen eintrat, saß auf der linken.«

Nach dieser Erklärung nimmt Fritz die Decke, die auf dem Sofa liegt, und wirft sie über seine Schultern, als wäre sie ein Mantel.

»Ich bin der König!«, sagt Fritz in majestätischem Ton.

Angela schaut um sich, wobei sie die Zeigefingerspitze der rechten Hand zwischen ihre Zähne steckt.

»Stell dich auf die hier!«, ruft sie und zieht eine Fußbank herbei, auf die sich Fritz stellt. »Ich hole etwas aus der Küche, das du als Krone tragen kannst.«

»Ein König sagt nie ›ich‹, sondern ›wir‹«, erläutert Gerhard.

Angela kommt zurück.

»Hier«, sagt sie und präsentiert einen Topf.

Fritz beugt sich vor. Angela setzt den Topf auf seinen Kopf.

»Angie, du solltest auf meiner rechten Seite stehen bleiben, Gerhard auf meiner linken Seite.«

Sie wenden sich zu dem Fernseher, als befände sich dort das Publikum.

»Ich bin Louis XVI. Angie repräsentiert die Monarchie und den Klerus, Gerd das Volk.«
»Wartet mal, Durchlaucht! Es fehlt noch ein Zepter«, sagt Gerhard und läuft, um einen Besenstiel zu holen.

Angela schaut nach oben.

»Schieb den Topfgriff hoch! So kann man besser das edle Gesicht des Königs sehen.«

Fritz schiebt ihn hoch.

»Angie passt gut in unseren elitären Kreis«, bemerkt Gerhard, der zurückgekommen ist.
»Ja! Besonders zum Klerus, denn sie kommt ja aus einer Pastorenfamilie.«
»Und Gerd steht für das Volk!?«, fragt Angela erstaunt. »Er hat doch gar nichts damit zu tun.«
»Angela, darüber darfst du nicht lachen«, verteidigt sich Gerhard, offenbar zugleich verärgert und belustigt durch das Benehmen seiner Freundin.

Auf dem Sofa biegt sich Angela vor Lachen.

»Und warum ist Fritz der König? Das würde doch viel besser zu Gerd passen, der viel Geld bei der Gazprom verdient.«

»Ich nicht. Meine Eltern.«

»Entschuldigt, Sir. Das stimmt natürlich«, sagt Angela.

»Und ich bin der König, weil … weil ich nicht sicher bin, wohin ich gehöre. Ich befinde mich zwischen zwei mächtigen ideologischen und ökonomischen Mächten, die mich nach ›links‹ und nach ›rechts‹ ziehen.«

»Aha! Dann erlebst du eine Identitätskrise, genauso wie ich.«

»Nicht nur. So wie es aussieht, werde ich sterben.«

»Sicherlich wird du verschwinden«, sagt Angela weiter lachend.

»Wir, König Louis XVI., wissen, dass 26 Millionen Menschen arbeiten für 400.000, die nichts tun.«

Herr Fischer, der die Tür leise aufmacht, kommt herein und sieht Fritz auf der Bank stehen. Nach einigen Sekunden, als er auch die anderen bemerkt hat, sagt er betroffen.

»Die damals sogenannten Kanaillen sind heute zum Beispiel ich und alle, die von Ein-Euro-Jobs leben. Wie schon damals müssen auch heute die Armen die Reichen auf ihren Schultern tragen.«

Die drei schauen Herrn Fischer an.

»Bitte, Herr Fischer«, versucht Gerhard, die aktuelle Regierung zu verteidigen, »Sie können die Zeit der Französischen Revolution und heute nicht vergleichen.«

»Und warum nicht?«, fragt Angela.

»Nur wenn wir sie vergleichen, können wir die gesellschaftliche Entwicklung verstehen«, folgert Fritz.

Gerhard versucht, sich selbst in Schutz nehmen.

»Ich muss zugeben, dass ich schon Bücher darüber gelesen habe, doch ohne mich dafür ernsthaft zu interessieren.«

»Vergiss es«, sagt Fritz, nimmt den Topf vom Kopf und klemmt ihn unter seinen Arm.

Gerhard stellt sich vollkommen taub.

»Aber in meinem Studium habe ich ein wenig über die wichtigsten Werte der Revolution – Freiheit und Demokratie – gelernt.«

Herr Fischer meint dazu.

»Freiheit und Demokratie sind die berühmtesten Nutten der Welt. Alle sprechen über sie, behaupten, sie kennen sie sehr gut, und haben mit ihnen sogar schon tausendmal geschlafen. Aber wenn man fragt, wie sie denn im Bett sind, dann beschreibt jeder sie, wie er will. Diese Porträts sind so unterschiedlich, dass man nicht weiß, von welcher Dame die Rede ist. In Wahrheit kennt niemand die Damen in ihrer Nacktheit.«

Der König, also Fritz, setzt sich den Topf wieder auf dem Kopf und zitiert laut und dramatisch den Satz, den Madame Roland, der Frau des girondistischen Innenministers Jean-Marie Roland de La Platière, aussprach, als sie das Schafott bestieg.

»»Oh Freiheit, was für Verbrechen werden in deinem Namen begangen!««

»Es ist wichtig, dass alle Menschen friedlich zusammenleben …«

»Halt dein verdammtes Maul!«, fährt Angela Gerhard an. »Seit wann denkst du an die anderen?«

»Sei kreativ, Gerd!«

»Was bedeuten Freiheit und Demokratie, wenn die Gesellschaft durch eine gigantische Kluft getrennt ist?«, fragt Herr Fischer.

Und Gerhard.

»Was meinen Sie, wenn Sie über Kluft sprechen?«

Fritz versucht, dazwischen zugehen.

»Damals, als der Staat in Gefahr und nicht mehr zu retten war, schlug ich, der König, einen Rettungsplan vor. Heute wurden der Regierung diese Ein-Euro-Jobs als Rettungsplan vorgelegt.«

»Und ich sage noch etwas, Eure Majestät«, ergänzt Herr Fischer. »Damals, um den eigenen Hals freizukaufen, warf der Staat irgendwelche Krümchen für das Volk auf den Boden. Die Untertanen mussten sie auf den Knien aufsammeln. Derzeitig tut der Staat genau das Gegenteil, um das gleiche Ziel zu erreichen. Er nimmt alles von den Armen, die dadurch noch ärmer werden, und das beste Stück, das Filet mignon, gibt er wieder den Reichen. Nach dem Motto ›Alles muss sich ändern, damit es bleibt, wie es ist‹.«

»Und die Kluft? Wo ist die Kluft?«, fragt Gerhard.

Angela, Fritz und Herr Fischer sehen Gerhard an, als wäre er ein Vollidiot.

Und Angela sagt:
»Die Kluft ist in der Londoner U-Bahn ...«
»Please, mind the gap, please, mind the gap ...«, sagt Herr Fischer.
»Du Blödmann!«, beschimpft Fritz ihn.

Gerhard sitzt und hält seine entzündeten Augen ganz geöffnet.
Herr Fischer geht weg. Alle schauen in seine Richtung.

»Hol mir mal 'ne Flasche Bier«, sagt Gerhard zu Angela.

Statt Bier zu holen, wendet sich Angela Fritz zu. Der steigt von der Fußbank herunter. Angela nimmt die Decke von seinem Rücken.

»Du hast gewonnen, Fritz«, sagt Gerhard mit schwacher Stimme.

Fritz setzt sich hin und würfelt. Mit seiner roten Spielfigur kommt er auf ein Feld, auf dem er sich ein paar Flip-Flops ›kauft‹.

3

Die drei Freunde sind leicht betrunken. Auch das Haschisch tut seine Wirkung. Fritz sitzt auf einem Hocker, Angela und Gerhard auf dem Sofa. Sie kommentieren die Wahlbenachrichtigungskarten, die gerade per Post gekommen sind.

»Ich habe meine bekommen«, sagt Angela.

Fritz schüttelt den Kopf. »Ich auch.«

»Ich werde nicht wählen«, warnt Gerhard.

»Warum nicht?«

»Angie, man kann die politischen Parteien gar nicht mehr unterscheiden. Sie sind alle ähnlich. Meine Eltern sind zum Beispiel seit ewigen Zeiten SPD-Mitglieder, aber was sie sagen …«

»Deine Eltern bei der SPD? Das ist schwer zu glauben«, erwidert Fritz skeptisch.

»Weiß du nicht, dass es in allen politischen Parteien ›rechte‹ und ›linke‹ Flügel gibt? Selbstverständlich gehören meine Eltern zum rechten Flügel der SPD.«

»Ich verstehe.«

Angela behauptet, dass die SPD eine Karikatur der CDU geworden sei.

»Sogar wenn man die SPD oder die Liberalen wählt, regiert trotzdem die CDU. Deswegen bin ich, wie meine Eltern, Mitglied der ›Graupenauer‹-Partei geworden. Scheiße!«

Angela hat eben gemerkt, dass ihre Strumpfhose kaputt ist. Das ist ihr peinlich.

»Was ist los?«, fragt Gerhard.

»Eigentlich, um gegen meine Eltern zu sein, bin ich eine Weile bei der ›Karikatur‹ gewesen«, verrät Angela jetzt ruhig, nachdem sie Gerhard das Loch in der Strumpfhose gezeigt hat.

»Echt?«, fragt Fritz erstaunt.

»Ja.«

»Wow, das hast du mir nie erzählt!«, ruft Gerhard aus.

»Na ja.«

Fritz wendet sich ihr zu. »Wie konntest du deinem besten Freund verschweigen, dass du Mitglied in einer anderen politischen Partei gewesen bist?«

»Fritz, weißt du nicht, dass Angies Lieblingstugend die Verschwiegenheit ist?«

Fritz wusste das nicht.
Und Angela ganz leise, als ob sie ein Geheimnis erzählt.

»Habt ihr schon gesehen, wie sie sich ansprechen?«

»Natürlich«, antwortet Gerhard standhaft und laut. »Ich bin da groß geworden. Die Partei ist immer mein zweites Zuhause gewesen.«

»Sie duzen einander!«

»Na und?«

»Schrecklich!«

»Mann, du sprichst wie eine alte Tante«, sagt Fritz und lacht.

»Und ich frage euch. Wie könnten sie mich duzen, wenn sie zu meinen engen Freunden gehören?«

Angela braucht einen gewissen Abstand zu ihren Mitmenschen.

»Aber am schlimmsten ist, was sie singen«, erzählt sie, steht auf, mit der rechten Hand auf der linken Brust, und stimmt ein Lied an. »›Brüder, zur Sonne, zur Freiheit ...‹ Oh, und wie sie einander mit ›Genosse‹ anreden! Jedes Mal, wenn ich das gehört habe, habe ich an Stalin und Honecker gedacht.«

Sie legt sich rücklings auf das Sofa, streckt die Beine nach oben und bewegt sie mehrmals auseinander. Mit einer Hand hält sie das Kleid zwischen den Beinen zusammen.

»Da bin ich ausgetreten. Ich habe es nicht mehr ausgehalten. Dann habe ich mir etwas anderes gesucht, wollte was Neues ausprobieren.«

Und Fritz neugierig. »Suchst du dich selbst, so wie Joschka auf seinem langen Lauf zu sich selbst?«

»Ich weiß nur, dass ich nicht wie meine Eltern sein will.«

»Der Apfel fällt nicht weit vom Stamm«, sagte Gerhard.

»Aber nur jetzt weiß ich davon. Und genau deswegen bin ich bei der CDU gelandet.«

»Bist du aktiv oder nur so lala?«, fragt Fritz.

»Ich bin aktiv und ich will unbedingt Sekretärin für Agitation und Propaganda der Jungen Union werden.«

»Was?«, fragt Gerhard erstaunt.

»Dieses Sekretariat gibt es nicht«, erklärt Fritz.

»Aber ...«, Angela ist verzweifelt.

»Meine Physikerin, diese Information hast du bestimmt aus einem alten Text der DDR«, erläutert Gerhard.

»Ach so, jetzt wird mir klar, warum mich die Sekretärin der Partei, mit der ich gesprochen habe, nicht verstanden hat«, sagt sie und setzt fort. »Oh, Gott! Alles, was aus der ehemaligen DDR kommt, lehne ich ab. Definitiv!«

Gerhard greift nach Angelas Beinen und sieht sich das Loch in ihrer Strumpfhose aus der Nähe an.

»Angie, meine Liebe, ich gebe dir eine neue.«
»Danke. Aber was willst du dafür?«
»Dass du mir mal 'ne Flasche Bier holst.«
»Mensch, ich bin doch nicht deine Sklavin. Geh du und hol sie dir selbst.«

Angela, das Mädchen, das davon träumt, lange Flüge zu machen, weist den Wunsch ihres besten Freundes zurück.
Und Gerhard, stehend, sagt überwältigend.

»Natürlich müssen wir von unseren Eltern unabhängig werden. Also hast du völlig recht, wenn du in eine andere Partei eintrittst. Egal, in welche.«
»Allerdings sollte ich mich zuerst von dir unabhängig machen«, murmelt Angela und springt auf.
»Angie …«
»Hände weg aus meinen Haaren!«

Gerhard krault Angelas Haare.

»Selber gemacht?«
»Selbstverständlich nicht.«
»Tut mir leid.«
»Du bist ein Desaster!«
»Entschuldigung.«

»Weißt du, wie viel ich für meine Frisur ausgegeben habe?«

»Nein.«

»Fünfzig Euro!«

»Wie bitte? «

»Oh, Mann, das ist viel«, sagte Fritz und fügte hinzu: »Für diesen Jeanne d'Arc-Pony? Wirklich zu viel.«

»Ich kann's beweisen. Ich habe die Quittung hier bei mir.«

Angela sucht die Quittung in ihrer Tasche, findet sie aber nicht.

»Ich habe sie verloren.«

»Wir glauben dir«, sagt Fritz, um sie zu beruhigen.

»Die Friseurin hat gesagt, dass meine Haare mindestens zehn Stunden halten sollen. Aber wenn Gerd darin mit seiner Hand herumfährt, natürlich nicht!«

Gerhard, müde von Angelas Streiterei, wechselt sofort das Thema. Er erzählt, er sollte in der nächsten Woche eine Seminararbeit abgeben, aber leider – sagt er voll Verachtung – ist sie noch nicht fertig.

»Worüber ist sie denn?«, fragt Angela.

»Buchstäblich über die SPD.«

»Ich warte seit Monaten auf die Note für eine andere Arbeit, die ich abgegeben habe. Der Professor sagt, er benotet sie, aber es kommt nichts.«

»Lehrer sind faule Säcke!«, ruft Gerhard aus.

»Du meinst Professoren«, sagt Fritz und steht auf.

»Sie sind doch alle gleich.«

»Worüber ist deine Arbeit?«, fragt Fritz Angela.

»Der Titel sagt schon viel. Er lautet ›Untersuchung des Mechanismus von Zerfallsreaktionen mit einfachem Bindungsbruch und Berechnung ihrer Geschwindigkeitskonstanten auf der Grundlage quantenchemischer und statistischer Methoden«.«

»Wie bitte? Das ist kein Titel. Das ist ein Skandal«, kritisiert Fritz entsetzt.

»Ich frage mich, ob ein Professor überhaupt Interesse daran haben kann, so eine Arbeit zu lesen«, sagt Gerhard.

»Mich macht es schon müde, den Titel zu hören«, beschwert sich Fritz.

Angela schlägt vor, weiterzuspielen.

»In Ordnung«, sagen die anderen einstimmig.

Gerhard ist dran. Er nimmt eine Karte und liest vor.

»Wann wurde die SPD gegründet?«
»Das weiß ich nur von der CDU«, erwidert Angela.

Und Gerhard stolz.

»Das ist eine exzellente Frage. Ich habe alles, was mit SPD zu tun hat, ganz frisch im Kopf. Die SPD wurde 1869 gegründet. Am Anfang war sie marxistisch ausgerichtet, sprach sich für die Überwindung des Kapitalismus aus, für eine sozialistische Revolution und den Klassenkampf, aber auch für Reformen, soziale Gesetzgebung, höhere Löhne und bessere Arbeitsbedingungen und auch für die parlamentarische Demokratie. Das alles steht in meiner Arbeit. Und ich habe dazu noch ergänzt, dass nur die Menschen wirklich frei sind, die eine gute Arbeit haben und die angemessen bezahlt werden.«

»Woher hast du das?«, fragt Fritz.

»Aus dem neuen SPD-Programm.«

»Gerd«, sagt Angela in professoral-analytischem Ton, während sie die Fingerspitzen beider Hände zusammenführt, »manchmal denke ich, du verwendest zu viele Worthülsen in deinen Arbeiten. Von nun an empfehle ich dir, nur noch Worte zu verwenden, die du mit Inhalten füllen kannst.«

Und Gerhard ironisch.

»Also wie diejenigen, die die CDU gegen meine Partei benutzt, zum Beispiel? ›Ein Sieg der SPD bedeutet den Untergang Deutschlands‹?«

»Mein Lieber, wir müssen nicht streiten. Setz dich zu mir«, sagt Angela liebevoll.

Gerhard setzt sich zwischen sie und Fritz.

»Gerd, lieber hier an meine linke Seite.«
»Nein, ich sitze in der Mitte.«
»Aber ich muss doch ins Zentrum.«
»Warum denn?«
»Das Zentrum gehört eben mir.«

Fritz steht auf und schaut die anderen beiden an, die anfangen, einander zu schlagen.

»Es gibt gar keine Mitte.«

Angela schiebt Gerhard aggressiv vom Sofa. »Es gibt nur die Mitte. Und das bin ich. Ich bin die einzige Mitte.«

Fritz wendet sich von den Streitenden ab und geht langsam in die Küche, um Bier und Kirsch Whisky zu holen.
Gerhard sitzt auf dem Boden und ruft.

»Ah, ich habe vergessen, zu sagen, dass die SPD die älteste Partei Deutschlands ist und dass der erste Kanzler und Präsident Deutschlands zur SPD gehörten.«

»O, là, là, du weißt viel«, lobt ihn Angela. »Ich bin sehr stolz auf dich.«

»SPD – die beste Partei Deutschlands!«, ruft Gerhard lebhaft aus und steht auf.

»Gerd, lieber Gerd, übertreibe doch nicht so.«

Und Fritz, mit den Getränken, sagt versöhnlich.

»Angie, denken wir doch positiv über unseren Freund. Schau mal! Er hat jedes Semester eine neue Freundin, ist also sehr wechselhaft, was Frauen angeht. Zweitens weiß er nicht genau, welchen Kurs er an der Uni belegen soll. Indem er sich für die SPD entscheidet, hat er Hoffnung, sich selbst zu finden und zumindest seinen Anker in einen sicheren Hafen zu werfen.«

»Siehst du, Angie, meine Partei ist mein Hafen, mein Schutz, mein Ein und Alles.«

»Deine Partei ist der Garten Eden auf Erden«, sagt Fritz sarkastisch.

Gerhard wirft einen Blick auf Fritz und läuft dann hinter ihm her.

»Komm her und ich werde dir zeigen, wo mein Garten Eden ist.«

Fritz springt auf das Sofa. Gerhard ergreift seinen Hals.

»Ich werde dich umbringen.«
»Angie, hilf mir!«

Gerhard versucht, Fritz mit beiden Händen zu würgen. Fritz verteidigt sich.

»Hier, Gerd, für dich«, sagt Angela und streckt ihm eine Rose entgegen, die sie aus der Blumenvase geholt hat. »Gerd, sei nicht zu pragmatisch.«
»Pragmatisch? Nein, ich bin höchstens machtbewusst. Ich werde meine Partei vor allen Verrätern bewahren.«
»Deswegen fehlt dir die Wärme. Deine Partei stand immer zwischen uns.«
»Wäre ich kein herzlicher Mensch, wärst du nicht meine beste Freundin.«
»Fritz, ich glaube, du hast keine Chance, dich freizukaufen. Gerd ist rücksichtslos.«
»Hoho«, lacht Gerhard sardonisch. »Jetzt weiß ich genau, wie ich dich umbringen werde. Fang schon mal an, zu beten, Abel.«
»Kain, lass doch deinen Bruder in Frieden gehen«, bittet Angela inständig.
»Hört mal auf!«

Fritz faltet die Hände und bittet um den Beistand von Johannes Paul II.
Und Angela neugierig.

»Warum betest du zum polnischen Papst? Warum nicht zu Gott oder zum deutschen Papst?«

»Er ist mir eben sympathischer. Deswegen.«

Gerhard tut so, als hätte er eine Pistole.
Er stellt den Daumen nach oben und den Zeigefinger genau an Fritz'
Schläfe und droht.

»Du hast keine Chance, zu flüchten. Bum, bum!«
»Bitte nicht schießen!«

Das waren seine letzten Worte.

»Und jetzt? Was macht du mit der ›Leiche‹?«
»Ich werde sie in den Landwehrkanal werfen.«
»Wenn der ›Leichnam‹ weg ist, machen wir dann weiter mit
dem Spiel?«
»Ja.«

Gerhard bedeckt den Körper von Fritz mit dem Mantel.
Und Fritz öffnet nur ein Auge.

»Gerd, du hast die richtige Antwort gegeben.«

Gerhard würfelt. Er geht mit der Spielfigur bis zu einem Feld, auf dem
sich der Pałac pod Blachą in Warschau befindet. Den ›kauft‹ er.

4

Gerhard macht das Radio wieder an und dreht es so laut auf, dass er die anderen nur versteht, wenn sie schreien. Fritz bittet ihn höflich, aber bestimmt, es leiser zu machen.

»Ruhe, Donnerwetter!«

Gerhard hört den Befehl seines Freundes. »Ich bin nicht taub.«
»Dann mach diesen Mist leiser!«

Sie verstehen einander.
Jetzt ist Angela an der Reihe, eine Frage zu stellen. Aber bevor es weitergeht, nimmt sie einen Zug vom Joint und gibt ihn an Gerhard weiter, der neben ihr und Fritz sitzt. Danach nimmt sie eine Karte aus dem Stapel, hält sie sich vor die Augen, schaut genau darauf und liest laut vor.

»Welcher war der letzte Krieg, an dem sich Deutschland beteiligt hat?«
»Der Zweite Weltkrieg«, antwortet Gerhard mit gelangweilter Stimme.
»Falsch! Der letzte Krieg war in Afghanistan!«, korrigiert ihn Angela.

Das Haschisch hat noch nicht so stark auf sie gewirkt wie auf Gerhard, der trotzdem sofort reagiert.

»Nein, ich habe mich geirrt. Der letzte Krieg war der auf dem Balkan.«

»Meinst du den in Ex-Jugoslawien?«, fragt Fritz, der nach einem kräftigen Schluck Bier laut aufstößt.

»Der Kosovokrieg, genau!«

»Der ist schon lange vorbei. Er war der erste deutsche Krieg nach dem Zweiten Weltkrieg. Ich glaube, Angie hat recht. Der letzte war in Afghanistan.«

»Besser gesagt, er ist, denn er ist ja noch gar nicht zu Ende«, fügt sie hinzu.

Und Fritz. »Die Regierung behauptet, er sei gegen die Taliban gerichtet.«

Gerhard springt zur Seite und sagt lautstark Nein.

»Wieso nicht?«, fragt Angela.

Sie bewegt ihre Beine auseinander und schüttelt ihr Kleid mehrmals.

»Was machst du?«, will Fritz wissen, während er zwischen ihre Beine schaut.

»Lüftung, weißt du?«

»Aha.«

»Es ist so warm.«

»Brauchst du vielleicht einen Ventilator?«

»Nein. Eine Zeitschrift genügt. Gib mir die ›Bunte‹.«

»Zu weit weg. Den ›Spiegel‹?«

»Von mir aus.«

Er greift auf den Tisch und reicht ihn ihr. Angela fächelt heftig, mit zu viel Kraft.

»Brauchtest du Hilfe?«

»Nein. Ich mache das allein. Der ›Spiegel‹ ist zu dick. Gib mir lieber die ›Financial Times‹.«

Fritz reicht ihr die Zeitung. Sie fängt an, frenetisch zwischen ihren Beinen zu wedeln.

»Hallo, Leute«, sagt Gerhard laut, »gibt es nichts Wichtiges als das, was Angela zwischen den Beinen hat und fühlt? Ich möchte euch genau erklären, was ich mit ›Nein‹ meine. Die sozialdemokratische Außen- und Sicherheitspolitik hat unser Land geprägt – von der Entspannungspolitik Willy Brandts bis zu Gerhard Schröders Ja zum Afghanistanengagement und seinem Nein zum Irakkrieg.«

Daraufhin Fritz laut.

»Willst du damit sagen, das, was in Afghanistan passiert, ist kein Krieg, sondern nur ein ›Engagement‹ gegen die Kriegslords, zusammen mit den Vereinigten Staaten, und hat nichts mit den dortigen Bodenschätzen und der geopolitischen Lage des Landes zu tun?«

»Hoho ... und dieses Wort, Engagement. Wie kultiviert das ist. Und Entspannungspolitik. Wie ausgeklügelt.«

Angela ist sehr ironisch mit Gerhard. Sie fragt, aus welchem Buch er diesen eleganten Satz zitiert hat.

»Sag mal, sag die Wahrheit, mein lieber Gerd.«
»Gerd, du solltest dich nicht schämen«, drängt Fritz.
»Das kann nicht von dir kommen, auf keinen Fall.«

»Na ja. Selbstverständlich habe ich das im SPD-Regierungs-programm gelesen. Und natürlich schäme ich mich nicht dafür. Man schnappt so etwas eben irgendwo auf. Es war für meine Seminararbeit und ...«

»*Ach soooo*«, sagen beide.

»Allerdings, grundsätzlich stimme ich dem zu.«

Angela fügt hinzu.

»Und ich bin auch damit einverstanden, dass wir zusammen mit den Vereinigten Staaten Irak bombardieren.«

»Wie bitte?«, fragt Fritz schockiert. »Angie, ein Angriffskrieg ist doch keine Heldentat, sondern eher ein staatliches Verbre-chen!«

»Es geht dabei ja nicht um eine Glaubensfrage, ob etwas böse oder heilig ist, wie die US-Regierung glaubt – dafür bin ich keine Fanatikerin, sondern eine christliche Pragmatikerin. Es geht viel-mehr um ein konkretes sicherheitspolitische Problem.«

Während sich die drei mit Augen und Worten gegenseitig verschlingen kommt Herr Fischer herein. Er geht um das Sofa herum, auf dem sich Angela und Fritz befinden. Er stellt sich dahinter und starrt auf die Bierflaschen, als wären sie Äpfel im Garten Eden. Gerhard steht mit dem Rücken zum Fernseher.

»Brauchen Sie irgendetwas, Herr Fischer, oder kommen Sie nur, um mich, den Clown, zu kritisieren, wie es meine Freunde gerade tun?«

Herr Fischer wacht aus seine momentanen Tagtraum auf. Statt zu antworten, stellt er aber eine Frage.

»Warum nimmt Deutschland eigentlich an bewaffneten Konflikten teil, wenn unsere Landesväter der ganzen Welt versprochen hat ›Nie wieder Krieg‹?«

»Gute Frage«, stimmt ihm Gerhard zu.

»Unser damaliger grüner Minister sagte zum Beispiel, es gäbe keinen Druck aus Nordamerika für den Eintritt Deutschlands in den Kosovobürgerkrieg. Der Druck für unser Beitreten beruhe auf Fakten«, sagt Fritz zu Herrn Fischer.

»Auf welchen Fakten?«, fragt Angela, während sie aufsteht.

»Gute Frage«, stimmt ihr Gerhard zu.

»Unser damaliger grüner Minister sagte die Verteidigung der Menschenrechte. Es gäbe zu viele Tote«, antwortet Herr Fischer.

»Welche Toten?«, fragt Angela.

»Gute Frage«, stimmt ihr Gerhard wieder zu.

»Die 2500 Toten«, antwortet Fritz.

Und Angela. »Aber meine Eltern meinen, die NATO-Flugattacken hätten noch mehr Leute getötet als sonst jemand, oder?«

»Gute Frage«, stimmt ihr Gerhard zu.

»Die NATO hat mehr als zehntausend Menschen umgebracht. Aber unser damaliger grüner Minister und der blasse Bundeskanzler haben gesagt, dass das notwendig wäre. Sie benutzten die Menschenrechte, um zu erklären, warum sie uns in diesen Krieg verstricken«, erläutert Fritz. »Unser damaliger grüner Minister sagte vor einer Menge Journalisten, es würde viel Blut fließen.«

»Der Grüne ist nie ein Pazifist gewesen«, sagt Angela.

»In Wahrheit war er ein großer Opportunist«, ergänzt Fritz.

»Aber warum ›blasser Bundeskanzler‹?«, fragt Angela und fügt nach einer Sekunde hinzu, bevor Gerhard seine trottelhafte ›Gute Frage‹-Replik nochmals loswerden konnte. *(Es tut mir leid,*

liebe Leser, wenn ich Gerhard so behandle, aber er ist einfach ein Tölpel).
»Und bitte, Gerd, komm mir nicht wieder mit diesem Mist von wegen ›Gute Frage, gute Frage‹. Alles klar?«

Angela ist jetzt sichtlich verärgert. Und sie zeigt das nicht nur durch ihre Worte, sondern auch durch den Ton, in dem sie sie sagt.

»Und warum notwendig?«, fragt Gerhard mit unsicherer Stimme, nachdem ihn Angela getadelt hat.

»Blass, weil der damalige Bundeskanzler ›rot‹ war. Heutzutage ist seine Partei nicht mehr so ›rot‹ wie früher«, entgegnet Herr Fischer. »Und notwendig, weil der Bundeskanzler ein paar Schritte auf dem internationalen Parkett machen wollte.«

»Er wollte ein Star sein!«, meint Fritz, der auf das Sofa steigt, um danach wie ein Schmetterling nach unten zu fliegen.

»Er tanzt den Walzer des Todes. Unser verkehrter Fred Astaire«, sagt Herr Fischer.

Und Fritz, der schon am Boden angelangt ist.

»Der damalige Kanzler wollte unbedingt in die deutsche Geschichte eingehen, als der Erste nach Hitler, der auf internationaler Ebene Krieg führte. Das hat er geschafft, indem er Deutschland in den Kosovokrieg und danach in den hundertjährigen Afghanistankonflikt führte. Wie alle Verrückten dachte er, der Krieg wäre ein Spaziergang. Einfach rein und wieder raus.«

»Pure Illusion«, meint Angela.

Ich weiß nicht warum, es war in dem Skript nicht geplant, aber Gerhard fängt an, fiktive Schuppen von seiner Schulter zu klopfen.

»Ich bin ein Pazifist!«, sagt er und schaut nach hinter.

»Merkt man nach vielen Flaschen Bier und Hasch, aber seit wann hast du Schuppen?«, fragt Angela, die ihn schon ewig kennt.

Gerhard klopft immer noch die imaginären Schuppen weg, als er Angela fragt, warum sie Physik studiere, wenn sie sich doch mehr für Politik interessieren würde.

Angela antwortet gekünstelt und snobistisch, während sie ihren Pony auf die Seite schiebt.

»Weil ich Einsteins Relativitätstheorie verstehen will.«

»Gerd, bist du neidisch auf Angies Kenntnisse und auf ihren Wissensdurst?«, fragt Fritz.

»Ne, überhaupt nicht. Manche Kommilitonen nennen sie Angie-Baby. Aber nur ich weiß, dass sie kein Engel ist.«

»Du kennst sie besser als ich. Du weißt, wovon du sprichst. Ist sie vielleicht eine Schlange?«

»Von der Relativitätstheorie ist sie sicher weit weg.«

»Angie weiß mehr von Kirsch Whisky als von sonst etwas.«

Und Herr Fischer, der sich rege an der Diskussion beteiligt, schlägt vor, sie solle Kirsch Whisky in Afghanistan verkaufen. Er behauptet, das große Geschäft würden da die Spekulanten machen.

»Die haben Konten in der Schweiz, in Liechtenstein und in anderen Steuerparadiesen, in Ländern des schmutzigen Geldes. Sogar die deutschen Parteien machen da Geschäfte. Sie haben eine SV-Vereinigung gegründet und unter Buchstaben wie GR I für CDU, Ia für CSU und GRII für FDP bestimmte Zahlungen verbuchen. Wie die Spekulanten, die durch die Leben deutscher

Soldaten reich werden, kann auch Angie einen Haufen Geld machen. Die Regierung ist da, um die Jungen zu überzeugen, dass sie ihr Vaterland verteidigen sollen. Sowohl die Regierung als auch die, die damit dort Geschäfte machen, verschweigen die Wahrheit.«

Und Angela erläutert. »Das ist nicht neu in der deutschen Geschichte.«

»Überhaupt nicht! Und komischerweise funktioniert die Illusion trotzdem immer noch. Aber nicht nur in Deutschland. Das passiert überall. In Wirklichkeit verteidigen die Soldaten, egal, aus welchem Land sie kommen, die Interessen und Werte einer Minderheit«, fügt Herr Fischer hinzu.

»Herr Schröder, sagen Sie mir bitte, was unsere Soldaten in Afghanistan machen«, sagt Fritz, nachdem er einen Schluck Bier getrunken hat.

»Ja, wer hat unser Vaterland attackiert und uns damit gezwungen, unsere Kinder in so ein fernes Land zu schicken?«, will Herr Fischer wissen.

»Was machen wir da, wenn wir gegen Krieg sind?«

Angela schweigt.
Und Gerhard antwortet mit dem Gesicht eines Esels.

»Sie müssen mir glauben. Der Krieg ist gegen den Terrorismus. Die Terroristen bedrohen nicht nur die Vereinigten Staaten. Sie bedrohen auch uns!«

»Wie bitte?«, fragt Herr Fischer.

»Stimmt«, sagt Gerhard mit schwacher Stimme.

»Sie lügen! Sie sind ein Lügner. Sie haben uns mitten in diesen ›eingeschränkten Solidaritätskrieg‹ geführt. Und wir zahlen immer noch viel für Ihr unverantwortliches Abenteuer.«

Herr Fischer ist außer sich.

Gerhard versucht, zu entgegnen. »Dann sagen Sie mir, Herr Fischer, wozu haben wir eine Bundeswehr, wenn wir nicht Krieg führen sollen?«

»Sicherlich nicht, um andere Länder zu besetzen. Davon haben wir genug.«

Und Fritz äußert bedrohlich. »Eigentlich, Herr Schröder, sind Sie schuld an all dem, was wir jetzt erleben. Aber nicht nur Sie. Alle, die da ganz oben sind, haben Tadel verdient. Jeden Tag kommen mehr und mehr tote deutsche Soldaten von irgendwo nach Hause. Jeden Tag erfahren wir von mehr und mehr Menschen, die von unseren Soldaten umgebracht worden sind. Hätte ich die Macht, würde ich Sie vor den internationalen Gerichtshof in Den Haag bringen.«

Ängstlich raucht Gerhard das Haschisch und geht im Raum hin und her. Er ist überrascht. Mit so einer Drohung hat er nicht gerechnet. Die Situation eskaliert. Er weiß, er befindet sich in einer Sackgasse.

»Frau Merkel, holen Sie mir mal 'ne Flasche Bier.«

Ähm? Frau Merkel? Herr Schröder? Herr Fischer!? Liebe Leser, erst jetzt merke ich, dass irgendetwas hinter meinem Rücken und ohne meine Erlaubnis passiert. Und ich kann Ihnen ganz ehrlich sagen, ich bin nicht zufrieden mit dieser Vornamen-zu-Nachnamen-Änderung. Freunde sind nicht so förmlich miteinander. Normalerweise sind sie locker. Erinnern Sie sich noch daran, wie sie vorher miteinander waren? Freundlich und gut gelaunt. Jetzt sind sie bissig, sarkastisch und gallig. Zumindest hatte ich den Eindruck, dass sie Spaß zusammen gehabt haben. Jedoch, wie ich schon gesagt habe, werde ich die Situation weiter beobachten. Mal sehen, was kommt. Wenn es schlimmer wird, verspreche ich, werde ich Stellung dazu nehmen.

Gerhard ist so nervös, dass er sogar seine Fingernägel essen könnte. Er wartet immer noch darauf, dass Angela ihm sein Bier holt, aber sie bewegt sich nicht.

»Herr Schröder, träumen Sie? Gehen Sie und holen Sie sich Ihr Getränk.«

Gerhard denkt, er ist der Boss.
Angela muss ihm mehrmals zeigen, dass er nicht ihr Territorium markieren darf.
Herr Fischer wirft mehr Holz ins Feuer.

»Um Ihrem Gedankengang zu folgen, können Sie mir erklären, Herr Schröder, warum Sie nicht die Tschetschenen in Russland abgeschirmt haben, als sie unter der Fuchtel der Russen waren, Sie jedoch die Menschenrechte im Kosovokrieg verteidigt haben?«

»Herr Fischer, soll ich Ihnen das wirklich erläutern?«, fragt Gerhard ironisch. »Sie wissen genauso gut wie ich, was damals los war. Sie waren damals mein grüner Außenminister! Haben Sie das vergessen? Aber wenn Sie möchten, kann ich Ihre Erinnerung gerne auffrischen. Sie haben damals gesagt, dass man bestimmte Staaten mit Nuklearwaffen bestenfalls dazu drängen kann, sich mehr und mehr an die Menschenrechte zu halten.«

Fritz schaut Angela, Gerhard und Herrn Fischer an, als ob er das Ganze nicht mehr begreift. Aber dann sagt er, bevor er den Verstand fast verliert.

»Ach sooo! Und ich bin ein Affe, oder? Sie ersetzen die

Logik des Friedens durch die Logik des Krieges. Bin ich verrückt geworden?«

Und er schreit laut und völlig verzweifelt.

»Oh mein Gott!«
Er hält beide Hände vor sein Gesicht.
»Jetzt wird mir alles klar. Einverstanden!«
»Nein, nein! Frieden ist keine Selbstverständlichkeit. Frieden muss immer erarbeitet werden«, verteidigt sich Herr Fischer.

Fritz ändert seine Körperhaltung und mit einer brüllenden Stimme, die noch mächtiger wirkt, als er aussieht, blickt Herr Fischer herüber.

»Haben Sie deswegen unsere Wehrmacht mit Panzern, Handgranaten und Luft-Boden-Raketen nach Afghanistan geschickt, um Frieden dort zu erarbeiten?«

Zusammen mit den Vereinigten Staaten, England und noch einigen anderen Ländern ist Deutschland in Afghanistan bei der Operation „Dauerhafter Frieden", der OEF, präsent, um die Herstellung von Sicherheit, Frieden und den Wiederaufbau des Landes zu erreichen. Die Bilanz nach vielen Jahren ist miserabel.

»Angie, meine liebe Angie, hol mir mal 'ne Flasche Bier«, sagt Gerhard. Nach einer kurzen Pause setzt er fort. »Ich bin nicht schuld, weißt du? Ich habe Deutschland gegen meinen Willen in den Krieg geführt. Der amerikanische Cowboy brauchte meine Unterstützung, daher ...«
»Wer glaubt Ihnen?«, fragt Angela.
Und Fritz. »Herr Schröder, leiden Sie an Logorrhö?«

»Was zum Teufel ist das?«

»Der Drang, zu reden.«

»Wenn ich Alkohol trinke und kiffe, habe ich dieses Bedürfnis, pausenlos zu sprechen.«

»Wahrscheinlich um Ihre vielen Fehler zu begründen«, sagt Fritz.

Und Angela. »Die armen Afghaninnen, die Sie, Herr Fischer und Herr Schröder, verteidigen wollten, sind immer noch unter den Burkas. Nur eines von fünf Mädchen besucht eine Schule. Sie haben keine Rechte. Ihre Männer dürfen sie jetzt sogar per Gesetz vergewaltigen.«

Angela spricht und holt den Mantel, den Fritz als König getragen hat. Sie sitzt im Schneidersitz auf dem Boden in der Mitte des Raumes. Schließlich bedeckt sie sich mit dem Mantel, als ob sie eine Burka an hätte. Aber bevor sie das tut, nimmt sie ihre Tasche mit ins ›Grab‹.

Fritz setzt sich den Topf auf den Kopf, wirft einen Brioni-Anzug von Gerhards Vater über die Schulter und positioniert sich vor dem Regal.

Gerhard nimmt eine dicke Zigarre aus der Schublade, in der er vorher das Haschisch gefunden hat, und zündet sie an.

Herr Fischer krempelt die Ärmel seines Hemds hoch und bleibt stehen.

»Das Land ist im Chaos versunken. Die Taliban, die wir vertreiben sollten, sind stärker denn je. Und wissen Sie warum, Herr Schröder?«, fragt Fritz.

Gerhard macht ein finsteres Gesicht.

»Weil wir ihnen nichts anbieten außer Waffen. Der Großteil der Bevölkerung lebt in Armut. Wo sind die Ärzte, Lehrer und Techniker, die wir schicken sollten? Und die Medikamente, die

Nahrung und sauberes Wasser? Wir haben ihnen den Himmel versprochen. Und was haben wir abgeliefert? Bis jetzt nur Tote, Blut, Demütigung und Erniedrigung.«

»Warum Erniedrigung? Wir machen genau das, was die anderen machen«, verteidigt sich Gerhard. »Wir dachten damals, wir würden nicht alles anders machen, aber wir würden es besser machen.«

Fritz stellt sich vor Gerhard und spricht förmlich.

»Was denken Sie, Herr Schröder, was wir damals gefühlt haben, als die Alliierten in Deutschland waren? Es gibt kaum etwas Tragischeres in der Geschichte eines Landes als eine fremde Macht in ihrem Territorium. Es ist erniedrigend für das gesamte Volk. Alle leiden darunter – egal, ob jemand reich oder arm ist. Es ist nur natürlich, dass man sich einem Bund anschließt, um die Heimat zu verteidigen. Obwohl es in jedem Land eine Minderheit gibt, die ihr Vaterland verkauft. Das sind Leute ohne Respekt vor sich selbst oder für die anderen. Sie verehren nur das Geld und materiellen Reichtum.«

»Ach, kommen Sie nicht mit billigem Nationalismus. Und Sie wissen genau, dass wir Deutschland verteidigen.«

»Gegen ...?«, fragt Fritz verschweigend.

»Gegen die Terroristen!«

»Aber wo sind die?«, fragt er nochmals, während er um sich schaut.

»Sie sind überall.«

»Bitte sagen Sie mir etwas Konkretes.«

In diesem Augenblick fragt Angela nach dem Haschisch. Sie hebt die Burka nicht auf. Sie bleibt vollkommen bedeckt.

»Ich möchte gerne kiffen. Kann mir jemand was geben?«

Niemand hört sie.
*Fritz, der immer noch den Topf auf dem Kopf hat, spricht weiter
förmlich.*

»Herr Schröder und Herr Fischer, ich gehöre nicht Ihrer
Generation an. Deswegen kann ich Ihnen selbstbewusst sagen,
ich bin stolz, Deutscher zu sein. Ich schäme mich nicht, das zu
sagen. Trotzdem bitte ich Sie, meinen Stolz nicht mit einem
rechtsextremen Pseudonationalismus zu verwechseln. Eben weil
ich von mir selbst überzeugt bin, kann ich die anderen Völker
verstehen und respektieren.«

Gerhard und Herr Fischer bleiben bewegungslos.
*Fritz nutzt die Chance, wieder über die Situation, in der sich Deutsch-
land befindet, zu reden.*

»Heutzutage kann die Regierung uns nicht mehr anlügen
und sagen, Deutschland wäre nicht in einem Krieg. Wir haben
Besatzungstruppen in Afghanistan!«
Gerhard sagt sofort. »Das war nicht mein Ziel. Ich wollte nur
die Nordamerikaner unterstützen. Nicht mehr, nicht weniger.«
»Aber wer definiert die Demarkationslinie für die Hilfe? Wo
fängt Unterstützung an und wo hört sie auf?«

Gerhard weiß keine Antwort darauf.

»Was wir wissen, Herr Schröder, ist, dass die Zahl der Terrorattentäter im Inland dramatisch gestiegen ist.«

Ich bitte Sie, liebe Leser, noch ein bisschen Geduld zu haben. Obwohl mir jetzt klar geworden ist, was die Akteure tun, und ich nicht damit einverstanden bin, werde ich ihnen trotzdem noch eine Chance geben. Vielleicht kommt es zu einer Konfrontation durch den Dialog und sie können ihre Differenzen und Missverständnisse überwinden. Aber falls ich merke, dass dies nur zu mehr und mehr Diskussionen führt und dass das Klima zwischen ihnen nicht milder wird, werde ich lauter sprechen, bis sie aufhören.

»Sie sind sehr intelligent, Herr Schröder.«

»Sie auch, Herr Fischer. Deswegen sind Sie mein Außenminister gewesen.«

»Da ich dies nun nicht mehr bin, kann ich jetzt offen sprechen. Zuerst möchte ich Ihnen erläutern, dass dieses Amt nicht mein Lebenstraum war. Ich muss sagen, mir ist eine gute Brotzeit wirklich lieber als ›Guten Tag, Herr Minister!‹.«

»Komisch. Ich habe das Kanzleramt ja auch nicht angestrebt. Aber als mich meine Genossinnen und Genossen gewählt haben, dachte ich, alles was ich will, ist einen guten Job zu machen.«

Herr Fischer schaut Gerhard mit einem durchdringenden Blick an.
Gerhard schaut Herrn Fischer mit scharfen Augen an.
Beide wissen, was der andere denkt.
Und Herr Fischer spricht weiter.

»Sie wissen, dass Sie durch die Unterdrückung eines Volkes, egal welchen Volkes, Sie nur Hass, Verachtung und Ekel erzeugen. Sie werden die Unterdrückung mit Barbarei und Brutalität zurückzahlen. Die Terrorattentäter sind das Ergebnis der konstanten Nichtbeachtung des Stolzes des afghanischen Volks.«

»Ich bin überrascht über Ihre jetzige politische Position, Herr

Fischer. Damals dachten Sie anders. Sie wussten und waren damit einverstanden, dass wir nur helfen wollten.«

Fritz sagt cholerisch. »Herr Schröder, dieses ›nur‹ zeigt mir, dass Sie ein Verräter sind. Durch den ›Patriot Act‹ der nordamerikanischen Regierung stellen Sie sich und Ihr Volk unter das Kommando der Koalition. Ja, ich sage Ihr Volk, weil – egal, wo unsere Wehrmacht ist – sie unser Land repräsentiert. Also, Sie waren ›nur‹ eine Marionette, die auf Geheiß der Nordamerikaner zu deren Musik getanzt hat.«

»Wissen Sie nicht, dass ein Abzug der Nato noch schlimmer wäre? Dass das Volk leiden wurde?«, begründet Gerhard seine Feigheit.

»Und jetzt leidet es nicht? Es ist bekannt – sogar die Russen haben diese Erfahrung gemacht –, dass die Afghanen ein stolzes Volk sind. Sie lassen sich nicht versklaven.«

Gerhard und Herr Fischer bleiben stehen. Fritz bewegt sich ständig. Er geht um das Sofa und den Couchtisch herum.

»Stellen Sie sich vor, Deutschland nach dem Zweiten Weltkrieg unter den Alliierten und jahrelang ohne finanzielle Unterstützung vor. Unsere Häuser wären demoliert, unsere Straßen beschädigt. Wir hätten kein sauberes Wasser oder gar ausreichend Nahrung, Strom oder Medikamente. Was würden Sie gegenüber der Besatzung von Ländern fühlen?«

»Bitte, wir haben nichts mit den Afghanen gemeinsam«, sagt Gerhard verteidigend.

»Wirklich?«, fragt Herr Fischer sarkastisch.

»Es sind zwei Realitäten, andere Völker.«

Hierauf lacht Angela. Man sieht nur den Mantel, der sich bewegt. Sie nutzt den Moment, um den Mantel ein Sekunde zu heben. Mit einer Hand zeigt sie, dass sie gern ein Glas Kirsch Whisky möchte. Aber niemand sieht sie.

Und Fritz. »Sie haben recht, Herr Schröder. Damals haben wir viel Geld von den Alliierten bekommen, das wir nicht zurückbezahlen mussten. Die Afghanen bekommen jedoch nur Waffen, die sie dummerweise zurückbezahlen müssen.«

»Es ist eine Schande, dass wir immer noch dort sind«, sagt Herr Fischer.

»Und wir werden noch sehr lange bleiben«, sagt Gerhard.

»Es wird eine Weile dauern«, sagt Angela von unter der Decke, »bis wir uns von dort zurückziehen. 15, 20 oder sogar mehr Jahre.«

Sie spricht und macht ihre kleine Flasche Parfum auf, um ein wenig angenehmen Geruch zu riechen und damit das Martyrium, so lange unter der Burka geblieben zu sein, zu vergessen. Aber niemand beachtet den Geruch ihres Parfums. Angela ist einsam. Und deprimiert.

Genau in diesem Moment schreit ich.

»Hört auf mit diesem verdammten Sie!«

Fritz und Gerhard schauen zu dem Regal, aus dem ein Buch herausfällt.

»Was ist das?«, fragt Gerhard.

»Entweder Magie oder Hexerei«, antwortet Fritz.

»Wissen Sie, was los ist?«, fragt Fritz Herrn Fischer, der ihn aber nicht hört. Er ist ganz in Gedanken versunken.

»Als ich noch jung war, habe ich zu einer radikalen Bewegung gehört«, sagt Herr Fischer. »Sie hieß PUTZ – Proletarische

Union für Terror und Zerstörung. Wir waren Anarchisten, aber auch Idealisten. Wir wollten die Welt ändern durch unsere Straßenkämpfe. Wir waren lebendig, engagiert. Nichts machte uns damals Angst. Heute aber frage ich mich, was machen die Jungen, um die Welt zu verändern? Was wünschen sie sich? Haben sie irgendwelche Vorschläge, wie man die Welt verbessern könnte? Denken sie an die Gemeinschaft oder nur an sich selbst? Sie sind jung. Sie können mir antworten. Nein, ich weiß. Leider bleiben Sie lieber zu Hause und trinken und kiffen. Oder vor einem Computer. Alles, was Sie wollen, ist spielen, virtuell blutig kämpfen, statt auf die Straße zu gehen und Ihre Interessen zu verteidigen.«

Gerhard schaut Herrn Fischer mit Verachtung an.

»Na ja, was wollen Sie von uns?«
»Sie sollen sich organisieren und gegen den Krieg demonstrieren.«

Fritz sitzt und sagt nichts. Er klopft mit einer Flasche eine Samba auf dem Topf, die immer noch auf seinem Kopf ist. Er schaut Herrn Fischer misstrauisch an.

»Die Jungen sind nicht mehr wie damals«, sagt Herr Fischer in einem resignierten Ton. »Ich erinnere mich, dass eines Tages, als ich mit einigen meiner Freunde vor einem Haus stand, das wir vor einigen Monaten besetzt hatten, eine weinende Frau zu uns kam. Sie schrie immer wieder: ›Höke hat meine Katze geköpft mit seinem Schwert.‹ Zuerst haben wir nicht verstanden, was los war. Und sie schrie weiter. ›Höke hat meine Katze geköpft mit seinem Schwert.‹ Alle kamen aus dem Haus. Alle fragten sich, warum sie heulte. Endlich fanden wir heraus, was passiert war. Ihr Mitbewohner hatte tatsächlich im Drogenrausch das Haustier umgebracht. Schon damals war ich bekannt für mein Talent, Friedensverhandlungen zu leiten. Deswegen bin ich der Auserwählte gewesen, um die Situation zu erklären. Ich bin dann mit meinem Kollegen zu ihr gegangen. Wir wollten ihre Sorgen lindern. Ich sage Ihnen heute, selbst wenn ich in meiner DNA das Gen der Diplomatie habe, habe ich nie Interesse daran gehabt, Außenminister zu werden, auch wenn ich dieser Frau, die unter dem Tod ihrer Katze litt, geholfen habe. Genauso wie ich diese Frau nicht leiden sehen wollte, wünschte ich, Deutschland würde nicht in einen Krieg verwickelt sein. Um Gottes willen!«

Gerhard fragt Herrn Fischer, ob er auch Haschisch rauchen möchte.

»Selbstverständlich, danke.«
»Ich wusste nicht, dass Alte auch kiffen«, meint Fritz.
»Sie rauchen Hasch und ihre Fettbäuche werden größer«, kommentiert Gerhard, der sauer ist auf Herrn Fischers Opportunismus, keine Verantwortung für den Krieg zu übernehmen.

Herr Fischer nimmt den Joint und dazu einige Pommes vom Tisch.

»Wir machen alles, was Sie machen. Und noch mehr. Wir sind auf die Straße gegangen. Das ist eine Sache, die Sie nicht machen.«
Gerhard wehrt sich. »Wozu soll ich auf die Straße gehen? Ich habe da nichts verloren.«
»Stimmt. Jedoch in Gegensatz zum jungen Gerhard bin ich der Sohn eines Metzgers«, sagt Herr Fischer mit vollem Mund.

»Sowohl mein Vater als auch ich müssen für unser tägliches Brot kämpfen. Daher ... darf ich noch ein Tick haben? Die Pommes schmecken gut. Ich nehme noch ein Portion Mayonnaise und Tomatensauce. Also ... mein Leben ist ein ständiger Kampf gegen die Armut und ums Überleben. Ich gehöre der Nachkriegsgeneration an, die große Schwierigkeiten hat, sich zum Deutschsein zu bekennen. Die Pommes sind lecker. Verstehen Sie?«

»Wollen Sie mehr?«, fragt Gerhard ihn. »Angie, wo bist du? Herr Fischer hat Hunger. Kannst du mehr Pommes holen?«

Erst jetzt merkt Gerhard, dass Angela verschollen ist.
Herr Fischer nimmt nicht nur das Angebot an, wie er auch das Teller mit Pommes vor seine Brust hielt. Und er isst, als hätte er noch nie etwas gegessen. Er geht um das Sofa herum, bis er vor einer Marmorbüste von Goethe und einer Schale mit frischem Obst stehen bleibt.

»Darf ich auch eine Banane haben?«
»Ja klar«, antwortet Gerhard. »Nehmen Sie eine.«

Herr Fischer geht mit der Banane und dem Teller weg.
Angela steht langsam auf und zieht die Burka aus. Erst jetzt sehen ihre Freunde sie wieder.

»Du sieht so aus wie ein Phantom«, sagt Fritz.
»Angie hat gewonnen«, sagt Gerhard.

Angela hat die richtige Antwort gegeben. Sie würfelt und geht mit der Spielfigur bis zu einem Feld, auf der sich die US-Bank Lehman Brothers vor der Pleite befindet, und ›kauft‹ es.

5

*Der Tisch ist voll mit Flaschen. Gerhard und Fritz und jetzt auch Herr
Fischer, der weggegangen ist, haben über zwanzig Flaschen Bier getrunken.*

*Fritz behält den Topf auf dem Kopf. Er merkt nicht mehr, ob dieser
da ist oder nicht.*

Angela fühlt sich leer, ohne Kraft, nach der Burka-Erfahrung.

*Gerhard raucht Haschisch, aber auch die Zigarre, deren Gestank sich
überall verbreitet. Er ist dran, die nächste Frage zu stellen. Er nimmt die
Karte, aber anstatt laut vorzulesen, macht er ein komisches Gesicht, als
würde er sich vor etwas ekeln.*

»Hmm.«

»Was ist los?«, fragt Angela.

»Hmm.«

»Gerd, was ist denn mit dir los?«

»Das ist die Frage. Sieht nicht gut aus.«

»Egal, stell sie«, sagt sie.

»Es geht um Hitler.«

»Oh, bitte, nicht um das Monster«, sagt Fritz und schiebt die
Luft mit der Hand beiseite, als ob er mit dieser Geste Hitler aus
seiner Nähe verscheuchen möchte.

*Angela bedeckt ihr Gesicht mit den Händen, schaut Gerhard durch
ihre Finger an und sagt.*

»Kein Bock. Darüber hat man schon viel geschrieben und

geredet. Lieber was Neues. Aktuelleres. Nimm eine andere Karte. Wir erlauben es dir.«

»Danke, Angie. Du bist so gütig.«

»Gerne geschehen.«

»Wie ihr möchtet.«

Gerhard nimmt eine Karte von ganz unten statt von oben.

»Wie heißt der Größte aller Franzosen?«

Angela hebt sofort die Hand.

»Der Schauspieler Gérard Depardieu!«

Fritz unterdrückt ein Lachen.

»Nein. Der hat die größte Nase von allen.«

»Dann Alain Delon.«

»Du meinst, als er noch jung war, oder?«, fragt Gerhard.

»Nein«, sagt Fritz, »der hatte die schönste deutsche Freundin von allen.«

»Oh, unsere Romy Schneider!«, ruft Gerhard aus und schnappt sich Angelas Blume.

»Gib sie mir zurück, Gerd«, fordert Angela, die noch unter Schock steht von seiner überraschenden Bewegung.

Gerhard schüttelt den Kopf.

Angela schreit und springt auf ihn. Gerhard fängt an, im Raum herumzuflitzen.

»Gib sie mir wieder, Gerd. Das ist meine Blume.«

»Jawohl, Mon Chéri.«

Doch anstatt sie zurückzugeben, wirft er die Blume zu Fritz, der sie zu ihm zurückfliegen lässt.

»Bitte, bitte.«

Niemand hört sie, als sie in der Mitte des Raumes, bereits erschöpft vom Hin-und-her-Laufen, eine leidenschaftlich Rede für die gelbe Blume hält.

»Ihr habt kein Verständnis. Ihr versteht meine Gefühle nicht. Als ich diese wunderschöne Blume gekauft habe, hatte ich in einen dieser traurigen Tage, die möglicherweise jeder Mensch schon erlebt hat. Ich gehe davon aus, dass ihr beide auch solche schlechte Erfahrungen gemacht habt. Ich muss gestehen, dass ich damals nicht genau wusste, was ich wollte. Ich wusste nur, dass mir irgendwas fehlte. Ich fühlte mich allein. Einsam. Gerd hatte gerade seine alte Freundin gegen eine neue ausgetauscht. Er wollte mich deshalb nicht sehen. Seine gesamte Zeit verbrachte er mit ihr. Er macht das jedes Mal. Neue Freundin, neue Leidenschaft, zumindest bis er keinen Bock mehr auf sie hat und sie gegen eine andere austauscht. Na ja. Ich wollte dann was für mich kaufen. Etwas, das Licht in mein Leben bringen würde. In dieser schwierigen Zeit dachte ich, wenn Gerd nicht bei mir bleibt, sondern bei dieser Neuen, dann werde ich ihn durch eine Blume ersetzen. Genau das habe ich damals gedacht. Aber die Blume sollte die Sonne symbolisieren. Sie musste nicht unbedingt eine Sonnenblume sein. Aber Licht! Nein, nicht dieses blasse Licht wie von diesen IKEA-Lampen, in dem man wie tot aussieht. Lieber so eine wie diese, die Pizza Hut auf die

Pizzas stellt. Bunt. Wie ein Regenbogen. Feurig. Und seitdem ich hier angekommen bin und ihr so viel über meine geliebte Blume gesprochen habt, sehe ich, dass meine Wahl richtig war. Jetzt bin ich überzeugt, dass ich die richtige Entscheidung getroffen habe. Anstatt Gerd die gelb Blume. Anstatt Gerd Licht. Anstatt Gerd Leben. Anstatt Gerd Freiheit! Ich werde nie wieder dieses Kleid ohne sie anziehen.«

Gerhard und Fritz sind stehen geblieben. Sie spielen nicht mehr.
Gerhard sagt dann nach eine Weile.

»Angie, meine Angie, du bist so entzückend. Du weißt, dass jedes Mal, wenn du mich brauchst, du mich ganz haben kannst! Ich werde immer bei dir sein.«

Angela will weitersprechen, aber da fühlt sie mit ihrer Hand, dass irgendetwas an ihrem Kleid zu fehlen scheint. Sie sieht nach, wo die Blume ist, und schreit sofort.

»Gerd, du Arsch, du hast mein Kleid kaputt gemacht. Schau dir das mal an!«

Er schaut nach.

»Nur ein kleines Loch, Jeanne d'Arc«, sagt er, um sie zu beruhigen. »Niemand sieht es. Niemand wird dieses Loch bemerken, wenn er was Besseres zu betrachten hat«, sagt er und schaut dabei hinunter auf Angelas Titten.
»Wie lange wirst du noch über meine Titten reden? Ist das so wichtig?«
»Oh, und wie!«

»Du bist ein Idiot.«

»Kinder, Kinder, machen wir weiter mit dem Spiel«, fleht Fritz, »oder ich werde schlafen gehen.«

Gerhard gibt ihr endlich die Blume zurück.

»Fritz hat recht. Spielen wir weiter. Ich wiederhole die Frage, alles klar?«

Angela und Fritz nicken und setzen sich hin.

»Wer war nun der Größte aller Franzosen?«

»Jetzt weiß ich es. Es war der Kleine«, sagt Fritz.

»Du Koffer! Ich habe nach dem Größten gefragt und nicht nach dem Kleinsten.«

»Der Kleine hieß Napoleon Bonaparte.«

Und Angela mit ihrer besonderen Weisheit.

»Wir wollten nicht über Hitler sprechen, warum dann über Napoleon? Der ist dasselbe Monster.«

»Hast du Scheiße im Hirn?«, fragt sie Fritz.

»Nein, ich weiß nur, dass er ein Diktator war. Mehr nicht. Und Diktatoren sind alle gleich.«

»Siehst du, Angie«, sagt Gerhard ganz geduldig, »das ist das Problem, wenn man Physik studiert. Man lernt nur, wie man Kirsch Whisky illegal herstellt, und lernt die Relativitätstheorie auswendig. Und ich frage wozu? Ich werde dir nur ein Beispiel dafür geben, was unter Napoleon geschah. In Jura hab ich gelernt, dass unter Bonaparte das erste Bürgerliche Gesetzbuch entstand. Und was hat uns Hitler hinterlassen? Ne, ne, du brauchst nicht viel nachzudenken. Und nur noch eine Sache, die ich äußerst wichtig finde. Weißt du, warum du als bürgerliches Mädel zur Schule und zur Uni gehen durftest? Wo ist deine Beschlagenheit? Ich weiß die Antwort. Der große Napoleon hat das moderne Bildungssystem dem gemeinen Volk zugänglich gemacht. Unter seiner Herrschaft wurde die öffentliche Bildung als wichtiges Mittel der Erziehung der Bürger anerkannt, hauptsächlich in Verbindung mit sozialen, politischen und verhaltensmäßigen Aspekten.«

»Halt mal bitte die Klappe, Gerd!«, ruft Angela aus. »Napoleon, wie Hitler, wollte nur sein Kaiserreich expandieren.«

»Nein, Angie«, sagt Fritz. »Gerd hat recht. Es ist hart für uns, zu sehen, dass Napoleon anders war als Hitler. Wohin Hitler gegangen ist, hat er nur Zerstörung gebracht. Napoleon tat das Gegenteil. Er zerstörte, was alt war, ich meine, alle Überbleibsel der mittelalterlichen Gesellschaftsstruktur, und brachte was Neues. Gerd hat nur zwei große Veränderungen erläutert. Es gibt viele mehr.«

»Wenn das stimmt, warum gibt es dann keine Straße, die nach ihm benannt ist, in Deutschland?«

»Gute Frage, Angie«, sagt Gerhard.

»Oh, Gerd, bitte komm nicht noch mal mit diesem ›Gute Frage, Angie‹.«

Sie bleiben einen Moment still. Man weiß nicht, ob sie darüber nachdenken, was gerade gesagt worden ist, oder ob sie zu besoffen und zu durchgedreht sind nach so viel Haschisch. Darüber lasse ich Sie selbst entscheiden, liebe Leser.

»Fritz, jetzt bist du dran«, sagt Angela.

Ohne Enthusiasmus nimmt Fritz die Karte und sagte: »Wer hat einst den ehemaligen US-Präsidenten Ronald Reagan einen ›schießwütigen Zelluloid-Cowboy‹ genannt?«

»Hoho, das ist gemein«, sagt Angela.

»Das ist schwer, zu wissen. Man müsste öfter Zeitung lesen, um solche Details zu wissen«, sagt Gerhard.

Bevor Fritz irgendwas kommentiert, klingelt das Telefon.

»Joschka!?«, fragt Gerhard am Apparat.

Es ist Joschkas Mutter. Sie will wissen, ob ihr Sohn irgendein Lebenssignal von sich gegeben hat.

»Nein, er läuft immer noch«, antwortet er und legt auf.

»Ich weiß nicht warum, aber der Name Reagan und Cowboy rufen mir Revolver, Waffen und letztlich Rudolf ins Gedächtnis«, sagt Fritz.

»Er ist immer noch im Schwimmbad mit seiner Girl Friend«, sagt Angela danach aufgeregt, um ihre Englischkenntnisse unter Beweis zu stellen.

Und Fritz fügt hinzu. »Es sieht so aus, als wäre er total sharping auf sie.«

»Hoho ...«

Angela lacht und kritisiert sofort Fritz' angelsächsische Sprache.

»Meinst du ›sharp‹ oder besser auf Deutsch ›scharf‹ auf sie?«

»Genau. Na ja, Englisch war und ist immer noch nicht meine Lieblingssprache. Physik aber war mein absoluter Albtraum. In beiden Fächer bekam ich die schlimmsten Noten.«

»Schwimmen … ich träume von meinen Ferien in Italien ...«

»Berlusca ...«, sagt Fritz.

Angela ignoriert Fritz' Kommentar. »Gerd, ich habe schon genug Dubbes gespart für unsere Reise nach Italien!« Sie schreit, weil Gerhard wieder in die Küche gegangen ist.

»Was zum Teufel bedeutet ›Dubbes‹?«

»Gerd weiß es.«

»Wenn du es mir nicht sagen willst, werde ich Gerd fragen.«

Angela zeigt ihm die kalte Schulter.

»Gerd, was bedeutet ›Dubbes‹?«

»Geheimnis!«, schreit Gerhard zurück.

»Ihr beide benehmt euch kindisch.«

Und Gerhard. »Ne, Spaß beiseite …«

»Du darfst es nicht verraten, Gerd.«

»Angie, mach kein Theater, bitte. Fritz, seit unserer Kindheit nennen wir unser Sparschwein ›Dubbes‹.«

Angela schaut Gerhard böse an. »Warum hast du unser Geheimnis verraten?«

»Fritz ist unser Freund.«

»Trotzdem.«

»Tja, jeder hat seine Macken«, meint Fritz.

»Siehst du?«, fragt Gerhard Fritz. »Alle Frauen sind eifersüchtig. Egal welche.«

Angela ist beleidigt.

Gerhard kommt aus der Küche mit noch mehr Bier und Schafskäse, der in kleine Stücke geschnitten ist.

»Erinnerst du dich noch an deinen Hund, Angie?«

»Den kleinen Igo?«, fragt sie Gerhard mürrisch.

»Aber selbstverständlich!«

»Oh ja.«

»Seitdem wolltest du nie wieder einen haben.«

»Zu viel Leid.«

»Meine liebe Physikerin …«

Fritz beobachtet die Freunde mit durchdringendem Blick, während er sich fragt, was nun kommt.

»Jetzt werdet ihr aber voll Sehnsucht.«

Angela ist kurz davor, Tränen zu vergießen.

»Okay, was war los mit diesem kleinen Hund?«

»Der kleine Igo war ziemlich lustig. Ist das nicht wahr, Angie?«

»Ja.«

»Erzählt mehr von ihm. Ich will wissen, warum Igo so interessant war.«

»Darf ich Fritz ›unser‹ Geheimnis erzählen oder wirst du wieder sauer auf mich werden?«

»Kein Problem.«

»Na los!«, sagt Fritz neugierig.

»Wenn Angie Igo fragte ›Wo ist der Soz?‹, antwortete der Liebe mit Aggressivität. Er bellte und knurrte. Aber wenn sie ›Freidemokrat!‹ sagte, legte er sich sofort auf den Rücken.«

Angela weint reinlich.

»Nicht nur sind Frauen extrem eifersüchtig, sondern dazu schmelzen sie auch noch wie Butter«, behauptet Gerhard.

»Na und? Ich weine, andere schreien.«

»Frauen, Frauen ...«

»Er war so lieb«, sagt sie.

»Wer?«, will Fritz wissen.

»Igo.«

»Wie süß!«, murmelt Fritz.

Gerhard sagt nichts.

»Aber wer hat ihm solche Kommandos beigebracht?«, fragt Fritz.

»Angies Vater, Helmut.«

Fritz wird unsicher, ob er noch Fragen stellen darf oder nicht. Aber er will Angela nicht mehr weinen sehen.

»Und ...«

»Was?«, fragt Angela, die sich wieder beruhigt.

»Lebt er noch?«

»Mein Vater oder der Hund?«

»Dein Vater.«

»Mein Vater lebt noch! Aber ungesund. Mein Vater war einmal dünn, ist aber dick geworden.«

»Wie dick?«

»Sehr dick.«

»Vielleicht könnte er mit Joschka laufen, um wieder fit zu werden.«

»Das glaube ich nicht. Sein Fett ist schon als tödlich klassifiziert«, fügt Gerhard hinzu.

»Mein Vater sagt oft, ›Keiner leidet so viel wie ich‹.«

»Aber Angie Face antwortet ihm immer: ›Es gibt noch andere, die auch sehr leiden müssen.‹«

»Na ja, dein Vater ist bestimmt ein armseliger Mensch«, behauptet Fritz.

Angela stimmt zu.

»Wenn er sich zu viel bewegt, könnte es passieren, dass das Fett bis zu seinem Gehirn hochsteigt. Nein, ich glaube nicht, dass er das noch schaffen würde. Wenn er laufen könnte, wäre ich die Erste, die ihn unterstützen würde.«

Fritz fühlt sich schlecht. Seine Hände berühren seinen Bauch. Ich vermute, weil sie zu viel über tödliches Fett gesprochen haben. Er geht zum Fenster, um zu kotzen.
Angela erinnert Fritz daran, den Topf von seinem Kopf zu nehmen.

»Topf und kotzen passen nicht gut zusammen.«

Fritz macht viel Lärm vor dem Fenster, bevor er etwas sagt.

»Bitte ...«
»Angie, kannst du ein Glas Wasser für Fritz holen?«, greift Gerhard Fritz vor.
»Warum ich?«
»Weil du gerade stehst.«
»Nicht mehr«, sagt sie und schmeißt sich aufs Sofa.

Fritz bleibt vor dem Fenster stehen, wo er alles, was er bis dahin gegessen hat, erbricht.

»Bitte, Wasser!«

Statt Wasser zu holen, klettert Angela auf die Leiter, die neben dem Bücherregal steht.

»Ich würde mir gerne irgendwas ausleihen.«
»Lass das in Ruhe!«
»Ich werde nie verstehen, warum deine Eltern so viele Bücher kaufen, aber nicht lesen.«
Und Fritz vom Fenster aus, nachdem er sich mit dem Handrücken seinen Mund abgewischt hat:
»Die sind immer noch in Plastik einhüllt.«
»Das Problem ist mein Vater. Er sagt, er wird lesen, wenn er in Rente ist.«
»Dein Vater leidet bestimmt unter dem Messie-Syndrom«, spekuliert Fritz.
»Zumindest ist es nicht Müll«, entgegnet Angela.

Fritz kotzt noch mal.

»Alle Objekte, die man nicht gebrauchen kann, sind Müll«, erwidert Fritz, nachdem er sich erholt hat.
»Sogar Bücher?«, fragt Gerhard.
»Sogar Bücher. Deswegen ist es so wichtig, dass man sie in Umlauf bringt, wenn sie nicht gebraucht werden.«

Gerhard versteht nicht, was Fritz sagen will.

»Mein Vater müsste zweitausend Jahren leben, um alles lesen zu können. Wenn überhaupt.«

Und Fritz. »Machen wir weiter mit dem Spiel? Mir geht es schon wieder besser.«

»Warum nicht?«, meint Gerhard.

»Dann los«, bestätigt Fritz.

»Ich bin dran«, sagt Angela.

»Kommt runter, um die Karte zu holen«, befiehlt ihr Gerhard.

»Auf keinen Fall. Ich bleib hier. Fritz!?«

»Ich nicht«, sagt Fritz prompt.

»Gerd!?«

»Okay, diesmal ja. Aber das ist das letzte Mal.«

Er holt eine Karte und gibt sie ihr.

Und sie. »Wer hat zu Kanzler Helmut Kohl gesagt: ›Sie sind Geschichte, im guten und im schlechten Sinne, das haben Sie immer gewollt. Aber in Zukunft werden Sie nicht mehr sein – drei Zentner fleischgewordene Vergangenheit‹?«

Und Gerhard. »Keine Ahnung.«

Fritz murmelt sofort. »Ich kann mich nicht mehr übergeben. Ich habe nichts mehr im Bauch. Fett, Soz, Igo, tödliches Fett, Zentner fleischgewordene Vergangenheit … es ist mir alles zu viel.«

Und Angela. »Dann solltest du mit Joschka reden. Er ist fit und kann dir ein paar Tipps zur richtigen Ernährung geben.«

6

»Kannst du mir bitte die Leiter runter helfen?«

»Nein, nein und nein.«

»Bitte, Gerd, hilf mir.«

»Keine Chance.«

»Ich verspreche ...«

»Was verspricht du?«

»Du weißt ganz genau was.«

»Deswegen helf ich dir nicht.«

Liebe Leser, ich weiß, dass Sie es sicher noch nie erlebt haben, dass jemand, der so alt wie Angela ist, eine Leiter hinaufklettert, aber es nicht mehr herunter schafft. Deswegen befinden wir uns jetzt in einer Situation, in der wir sie in dieser lächerlichen Position betrachten, da ganz oben, zitternd. Ihre Arme streckt sie Gerhard, ihrem besten Freund, entgegen.

»Du bist kein Kind mehr.«

»Aber früher hast du mir immer geholfen.«

»Früher! Früher! Jetzt ist Schluss damit. Wie oft hab ich dir geholfen!? Tausendmal bestimmt. Irgendwann musst du lernen, alleine herunterzukommen. Heute hast du die Chance, dein Selbstbewusstsein zu verstärken. Mach das! Wie du gesagt hast, du bist intelligenter als ich, du bist disziplinierter als ich und so weiter und so fort. Es fehlt nur, dass du sagst, dass du mutiger bist als ich.«

»Aber sicherlich!«

»Dann los!«

»Bitte, bitte. Nächstes Mal werde ich es alleine machen, aber nicht jetzt.«

Fritz, der am Fußboden liegt und total fertig ist, sagt.

»Gerd, hilf deiner besten Freundin.«

»Es ist mir vollkommen egal, wo sie sich aufhängt.«

»Du dann, Fritz.«

»Angie, meine Liebe, du hast mir nicht geholfen, als ich gekotzt habe. Du hast mir sogar ein Glas Wasser verweigert. Warum soll ich dir jetzt helfen?«

Liebe Leser, wie Sie sicher schon bemerkt haben, ist es nicht mehr möglich, die Besoffenheit und die schlechte Laune der Akteure zu verbergen. Ja, aber was erwarten Sie nach mindestens dreißig Bieren? Trotzdem ist es nützlich, zu beobachten, wie schlecht und ungesund Alkohol sein kann, nicht nur für den Körper und die Seele eines Lebewesens, sondern auch für das Verhältnis zwischen Freunden. Na ja, wenigstens siezen sie einander nicht mehr, wie sie es in Kapitel 4 getan haben. Sie duzen sich wieder.

Gott sei Dank!

Ich muss zugeben, dass ich davon so begeistert bin, dass ich Ihre Aufmerksamkeit auf etwas Positives lenken möchte, dass Sie vielleicht noch nicht bemerkt haben, und zwar, dass die Akteure in Kapitel 5 nostalgisch geworden sind! Haben Sie das bemerkt? Wahrscheinlich. Aber falls nicht, zeige ich es Ihnen. Ich möchte nicht für mich allein den Fortschritt, den die Schauspieler trotz Alkoholisierung machen.

Deswegen habe ich mich dazu entschieden, den Bühnenkünstlern noch mal eine Chance zu geben. Sie sollen ein paar Minuten Ruhe haben, um nachzudenken, ob sie künftig voll sauer aufeinander sein wollen oder die Geschichte in Freundschaft endet. Jetzt ein Nickerchen zu machen, wäre nicht schlecht. Falls sie Lust haben, können sie sogar einen starken Kaffee trinken, um den Effekt des Alkohols ein bisschen zu neutralisieren – solange ich ihn nicht machen muss.

Bitte nehmen Sie mir meine Verweigerung nicht böse, aber als ich diese Geschichte angefangen habe, dachte ich, sie würden eine Nacht mit Spielen, Bier, Kirsch Whisky, Hasch und Spaß verbringen. Und was haben sie getan? Sie fingen an, zu diskutieren, ohne meine Erlaubnis! Wenn sie so unabhängig sind, um über politische Parteien, Kriege, Arbeitslosigkeit und die Wirtschaftskrise zu streiten – was ich auf keinen Fall schlecht finde, im Gegenteil, solange sie es nicht gegen meinen Willen tun –, dann können sie sich auch selbst einen Kaffee machen, oder?

Sicherlich denken Sie, ich bin verärgert, beleidigt und sogar neidisch, und deswegen will ich mich rächen. Wenn Sie die Situation so beurteilen, irren Sie sich bestimmt. Ich muss gestehen, dass ich erstaunt war, worüber die Akteure gesprochen haben.

Glauben Sie mir nicht?

Mein sechster Sinn sagt mir, Sie fragen sich gerade, warum ich ihnen keinen einfachen schwarzen Becher Kaffee koche. Schließlich wäre es nicht viel Arbeit.

Okay, keine Diskussion mehr. Ich werde es tun. Aber während ich den Kaffee mache, schlage ich vor, dass Sie mitkommen. Ich will nicht alleine in der Küche sein und mit den Wänden reden.

Kommen Sie mit!? Dann los.

Ich möchte gerne über zwei Themen sprechen, die mich beschäftigen und mir nicht mehr aus dem Kopf gehen, seit Herr Fischer und Fritz sie ganz am Anfang des Buches aufgegriffen haben. Das wären Ein-Euro-Jobs und folglich das verdammte Hartz IV.

Sehen Sie?

Ich schätze die Schauspieler als sehr intelligent ein. Zumindest sprechen sie über Politik – ein Thema, in das sich die Jugendlichen und die Mehrheit der Erwachsenen normalerweise nicht einmischen wollen. Im Gegenteil, die bürgerliche Gesellschaft ist entpolitisiert. Wie eine Ochsenherde stellt sie keine Fragen. Sie läuft der Politik hinterher, ohne etwas darüber zu wissen oder ein Interesse daran zu haben, sie zu verfolgen, oder daran, dass sie von anderen bestimmt wird. Abgesehen von ihrer Unternehmensbeteiligung. Sie denken am liebsten daran, einen neuen Fernseher oder ein Auto zu kaufen, anstatt für die Wirtschaft oder Sozialrecht zu kämpfen. Es ist einfach und bequem, zu behaupten, dass die Politik und alle Politiker korrupt sind und dass es sich nicht lohnt, darüber zu reden oder zu versuchen, etwas zu ändern.

Das stimmt nicht.

Es gibt Politiker, die die Interessen des Volks vertreten, die sich engagieren, um das Leben ihrer Mitmenschen zu verbessern.

Vergessen Sie bitte nicht, dass die Politiker die Bürger widerspiegeln – wie sie denken, fühlen, sprechen und was sie tun. Schließlich sind sie keine Außerirdischen.

Aber wie kann man sie finden?

Das ist nicht so einfach, wie ein Eis zu kaufen. Braucht man Hunger, um was zu ändern. Aber mit Geduld und Fleiß erkennt man die Guten. Eine Empfehlung: Vor der Wahl wäre es gut, etwas über das Leben der Kandidaten zu lesen. Aber nicht nur die Flyer, die die Kandidaten verteilen, sondern auch andere Quellen. Nachdem sie die Kandidaten gewählt haben, verfolgen Sie ihre Leistungen im Parlament. Wenn sie nicht für das kämpfen, was sie versprochen haben, schreiben sie ihnen, setzen sie sie unter Druck. Finden Sie kein offenes Ohr, wählen Sie solche Kandidaten nie wieder.

Ich sage Ihnen etwas, das viele glauben, was aber nicht stimmt: Es gibt in dieser Welt keine neutrale Quelle! Egal, welches Buch, welche Zeitung oder Zeitschrift Sie lesen oder welchen Fernsehkanal sie schauen – die verteidigen ihre eigenen Interessen!

Alle Themen können aus unterschiedlichen Perspektiven betrachtet werden. Und manipuliert werden, besonders wenn man die Intention dahinter nicht bekannt gibt.

Man muss sich fragen, zum Beispiel, wenn man liest oder fernsieht: Wer hat den Text geschrieben? Was steckt hinter dieser Rede? Wo möchte man mich hinführen? Was will man damit sagen? Wer profitiert davon?

Genau wie dieses Buch. Ich bin auch nicht neutral, aber ich will mich auch nicht als neutral präsentieren. Ich habe eine Seite, die Sie bestimmt schon entdeckt haben.

Ich gebe Ihnen ein Beispiel für meine Ansichten.

Wie ich vorher gesagt habe, möchte ich gerne über Ein-Euro-Jobs und das verdammte Hartz IV reden.

Verdammt.

Verdammtes Wort.

Sie können sogar sagen, dass ich mit ›verdammt‹ radikalisiert habe. Am Ende doch. Das Wort ist nicht so sanft.

Stimmt.

Ich gebe es zu.

Ich wollte es verschärfen.

Sie sehen anhand des Wortes ›verdammt‹, dass ich gegen Hartz IV bin.

Und was denken Sie, wenn Sie über zwei Wissenschaftler lesen, die durch mathematische Kalkulationen berechnet haben, dass ein Hartz IV-Empfänger mit 132 Euro im Monat auskommen kann? Ah, ich habe vergessen, zu erwähnen, dass die Wissenschaftler angemerkt haben, dass ein Hartz IV-Empfänger weder rauchen noch telefonieren soll und dass für ein Kind 79 Euro genug sind.

Jetzt frage ich: Was will eine Zeitung die solch eine Reportage mit großer Aufregung veröffentlicht? Wer hat die wissenschaftliche Studie finanziert? Wem gehört das Institut, an dem die Wissenschaftler beschäftigt sind? Und noch was: Warum 79 Euro und nicht 78 oder sogar besser 81 Euro für ein Kind, das sicherlich reicher werden würde?

Liebe Leser, haben Sie vielleicht einen Hund oder eine Katze zu Hause? Es kann auch eine Ratte sein. Wissen Sie, wie viel Sie für die ausgeben? Denken Sie drüber nach.

Wollen Sie noch ein Beispiel sehen, wie eine Zeitung Informationen manipuliert?

»Jetzt will die Regierung das Kindergeld erhöhen. Damit wird der Anreiz, eine Arbeit anzunehmen, noch geringer. Dann gilt noch mehr als bisher: Wer arbeitet, ist ein Idiot.«

Die Zeitung versteckt Informationen. Sie sollte die Leser informieren, dass das Kindergeld auf die Sozialleistung als Verdienst ganz und gar angerechnet wird. Das bedeutet, die Erhöhung des Kindergeldes soll keinen Effekt auf die Einnahmen von Hartz IV-Empfängern haben.

»Angie ...«

Aber jetzt machen wir eine Pause. Ich habe keine Zeit mehr. Der Kaffee ist fertig. Wir müssen zurück ins Wohnzimmer. Ich höre schon Stimmen, was mir zeigt, dass die Schauspieler aufgewacht sind.

»Gerd, es riecht nach frischem Kaffee«, sagt Angela, die immer noch ganz oben auf der Leiter ist und deswegen kein Nickerchen gehalten hat. Sie hat die ganze Zeit die Titel der Bücher im Regal gelesen.

»Bestimmt hat Herr Fischer ihn gekocht«, sagt Gerhard und rekelt sich.

»Ich habe eine Idee!«, sagt sie plötzlich aufgeregt.

Und Gerhard schreit.

»Brauchen Sie Hilfe, Herr Fischer? Wenn ja, sagen Sie mir Bescheid. Angela kann bis dahin gehen und Ihnen helfen.«

»Du Arsch!«, sagt sie mit süßer Stimme und einem höhnischen

Lächeln, aber alles so zweideutig, dass man denken könnte, sie hätte etwas Nettes gesagt.

Herr Fischer kommt mit einem vollen Tablett herein, das er auf den Couchtisch stellt. Die Zeitung, die er unter dem Arm trägt, wirft er auf das Sofa.

»Bezahlt der Ein-Euro-Job auch Ihre Arbeit als Butler, Herr Fischer?«

»Nein, junger Fritz, ich mache es aus Freundlichkeit.«

»Gerd, und meine Idee?«, fragt Angela immer noch aufgeregt.

»Welche Idee?«

»Was meinst du, wenn ich einen Tick Kaffee in den Kirsch Whisky mische?«

Während Angela die Frage stellt, setzt sie sich auf der Leiter, eine Bein auf dem anderen, und bewegt sie ganz locker. Dabei hält sie ein Buch in der Hand.

»Wozu?«

»Es wäre etwas Besonderes.«

»Inwiefern?«

»Wenn es gut schmeckt, könne ich es vielleicht extra herstellen und das Produkt teurer, als ohne den Kaffee, an meine Freunden verkaufen und mehr Geld verdienen.«

Statt zu antworten, geht Gerhard um Angela herum und stupst ihr mit dem Besenstiel in ihren Po.

»Samurai des Neoliberalismus, komm runter.«

Statt herunterzukommen, antwortet sie.

»Du! Weg mit dem Besenstiel! Du bist peinlich.«

»Ich, peinlich? Du denkst nur daran, reich zu werden – egal, ob als Kirsch Whisky-Herstellerin oder als Physikerin, was ich eigentlich nicht glaube. Und ich bin der Peinlich?«

»Weißt du, warum du so sprichst?«

»Weil ich die Wahrheit sage?«

»Nein, weil du nicht arbeiten muss.«

Und Fritz, der immer noch am Boden sitzt und den Topf neben sich liegen hat, sagt.

»Die Gazprom bezahlt alles für dich.«

»Der junge Gerhard wird später keine Sorgen haben.«

»Aber Angie auch nicht. In Zukunft wird sie ihre Genialität einer großen Firma anbieten«, sagt Fritz.

»Ich sag es noch mal. Angie hat keine Chance als Physikerin, sondern als Politikerin.«

»Als Abgeordnete wird sie nicht so viel verdienen«, setzt Fritz fort.

»Aber wer hat von Abgeordneten gesprochen? Das Mädchen Angela wird bestimmt noch mächtiger.«

»Dann kann sie Privatveranstaltungen machen, wenn sie nicht mehr im Parlament ist«, meint Gerhard.

»Das Mädchen Angela hat eine grandiose Zukunft vor sich.«

»Sie wird eine Haufen Geld verdienen«, fügte Fritz hinzu. »Der ehemalige US-Präsident, der die größte Weltwirtschaftskrise nach 1929 verursacht hat, verdient zum Beispiel hunderttausend Dollar für eine vierzigminütige Rede. Man weiß nicht genau, was er zu sagen hat, aber ...«

»Ich schätze Ihre Beobachtungsgabe, junger Fritz. Der ehemalige US-Präsident hat so viel Schaden in seinem Land angerichtet wie unser damaliger Kanzler in Deutschland mit seinem Neoliberalismus.«

Herr Fischer bietet allen Kaffee an.

»Mal sehen«, sagt Angela grüblerisch und hält einen Becher in der Hand. »Ich hab noch Zeit, darüber nachzudenken.«

Die Schauspieler haben mehrmals den Neoliberalismus angesprochen. Bevor Sie mich fragen, was zum Teufel sie damit meinen, sage ich, dass Neoliberalismus aus ideologischer Sicht Freiheit für das Individuum gegenüber dem Kollektiv bedeutet. Was das mit der Wirtschaftspolitik zu tun hat, würde ich so zusammenfassen: totale Liberalisierung der Ökonomie. Einschränkungen befreien, was Sie sogar in einem Bordell nicht finden würden. Und wenn ich Bordell sage, meine ich nicht Luxusbordell, sondern ein ganz einfaches, einen sogenannten Puff.

Haben Sie nicht verstanden, was Neoliberalismus bedeutet? Dann werde ich versuchen, es anders zu erklären.

Erinnern Sie sich noch an den Tsunami 2004, diese riesige Welle, verursacht durch ein Erdbeben in Fernost, die über hunderttausend Leben gekostet hat?

Ja!?

Wissen Sie, wie ein Tsunami entsteht?

Nein? Dann erkläre ich es Ihnen.

Für die Entstehung der Welle sind ein sehr starkes Erdbeben und eine vertikale Verschiebung des Meeresbodens notwendig. Und fertig ist der monströse Tsunami.

Genauso ist der Neoliberalismus!

Sehen Sie, wie einfach es ist?

Sagen Sie schon wieder Nein?

Dann fangen wir von vorne an.

Das entstandene Erdbeben wäre die Ideologie, die durch ihre Ideen, Begriffe, Werturteile und Vorstellungen eine Gruppe oder eine Gesellschaft so sehr überzeugt, dass die gesamte Politik und das Wirtschaftssystem in Bewegung versetzt werden. Die riesigen Schwankungen würden alles zerstören und danach wieder neu aufbauen, wobei eine neue Weltanschauung beziehungsweise eine neue Ordnung daraus entstehen würde.

Die Verschiebung des Meeresbodens ist die Zurückschreckung des Staats aus der Wirtschaft, da der Neoliberalismus darin besteht, dass sich der Staat, der keinen Profit macht, aber dem Volk einen guten Dienst erweisen soll, aus der Wirtschaft zurückzieht.

Die Frage ist nun, wer an seine Stelle rücken soll.

Die Antwort ist einfach: die Privatunternehmen, die wie sabbernde Wölfe darauf warten, den Staat seine Kontrolle aus den Volkswirtschaft auszuräumen. Und mit der unsichtbaren Hand des Marktes, die die Ökonomie zur Perfektion führen soll, überreden die Finanzhyänen die Gesellschaft, dass sie die Besten und die Einzigen sind, um die Wirtschaft zu steuern.

Das heißt, der gesamte staatliche Besitz, der dem Volk gehört, soll verkauft werden.

Zum Beispiel: Krankenhäuser, wo wir hingehen, wenn wir krank sind; Kindergärten, wo wir unsere Kleine hinbringen, wenn wir zur Arbeit gehen; Schulen, die alle Kinder regelmäßig besuchen müssen und die Napoleon vor mehr als 200 Jahren als wichtiges Mittel der Erziehung der Bürger anerkannt hat, hauptsächlich im Verbindung mit sozialen, politischen und verhaltensmäßigen Aspekten; Wasser, das wir zum Überleben brauchen und aus dem unser Körper zu 75% besteht; Straßen, auf denen wir mit unseren Autos fahren; Nah- und Fernverkehr, die es unserer Welt erlauben, sich zu entfalten; und Altersheime, in die man geht, wenn man alt ist und keine Familie hat und so weiter und so fort.

Der Neoliberalismus schlägt vor, dass der Staat so schwach sein soll, dass er am Ende nur noch als Dekoration dient – genauso wie die Bücher von Gerhards Eltern.

Die Neoliberalen oder Neokons, wie man sie auch nennt, sagen, dass der Markt sich von selbst reguliert. Es soll keine Kontrolle mehr von Waren und Geld geben, nur von Menschen. Das Kapital soll fließen wie Äther, von hier nach dort, von einer zur anderen Bank, von einem Land ins andere.

Überall.

Ohne Barriere.

Ohne Überwachung.

Die Unternehmen sollen sich vollkommen frei fühlen – vor allem wenn es darum geht, Arbeitskräfte durch Entlassungen einzusparen, und durch die Arbeitsplätze, die sie behalten, den Profit zu maximieren und alles zu verkaufen, sogar wertlose Aktien an der Börse.

Was wichtig ist, ist kaufen und verkaufen und gedankenlos konsumieren.

Ist der Plan nicht perfekt? Ja. Aber ... halt mal!

Wie Sie wissen, muss man alles, was privat ist, bezahlen. Mit viel Geld. Schließlich wollen die Unternehmer Profit machen.

Erinnern Sie sich: Maximalprofit!

Deswegen wird alles teurer. Und durch die Verteuerung schaffen es die Armen und die Mittelklassebürger nicht mehr, für die Existenzgrundlage aufzukommen. Binnen kurzer Zeit werden das nur noch die Reichen überleben können. Und was vorher selbstverständlich war, wird zu ›Luxusartikeln‹ werden.

Zum Beispiel: Krankenhäuser, wo wir hingehen, wenn wir krank sind ...

Und da kommt der riesige Tsunami, wenn man sieht, dass die ganze Wirtschaft, die vermutlich gut von den Privatunternehmen verwaltet wird, völlig außer Kontrolle gerät.

Nachdem Chaos herrscht, werden zwar nicht hunderttausend Menschen sterben wie bei einem echten Tsunami, aber Millionen von Menschen werden ihre Jobs verlieren und weitere Millionen werden an Hunger sterben.

»Angie, meine Liebe, hast du vielleicht schon einmal darüber nachgedacht, Sauerstoff in Flaschen zu verkaufen?«, fragt Fritz.

»Nein, aber werde ich bestimmt noch.«

»Es ist eine Idee, die Zukunft hat.«

Gerhard stellt es sich sofort bildlich vor.

»Stellt dir vor, meine Physikerin der Macht, jemand kommt in deine Firma und fragt: ›Darf ich bitte einmal?‹ Und du sagst: ›Zuerst gehen Sie bitte zur Kasse.‹ Und dann, nachdem er den hohen Betrag bezahlt hat, erlaubst du ihm, dass er mithilfe einer Maske einen tiefen Atemzug aus der Flasche nimmt.«

»Oh, das wäre krass!«, jubelt Angela. »Wenn ich ein so ehrgeiziges Unternehmen aufbaue, werde ich von mir mehr Leistungsbereitschaft fordern und lernen, was die Marktwirtschaft von mir verlangt, um die Wachstumsgeschwindigkeit meiner zukünftigen Firma auf der ganzen Welt zu erhöhen. Wenn ich es bis dahin schaffe, werde ich den Weg in die Freiheit finden.«

In ihrer Begeisterung küsst sie mehrmals die gelbe Blume.

»Spricht du über die Freiheit, die du mithilfe deiner Blume gefunden hast?«, fragt Fritz ironisch.

»Freiheit! Freiheit!«

»Du redest über ein Unternehmen. Aber wo bleibt die Politik in deinem Leben?«, fragt Gerhard.

»Diesen Enthusiasmus kann ich auch ins Parlament einbringen, wenn das der Fall ist. Willst du wissen wie? Sobald ich einen Sitz im Parlament habe, werde ich von meiner Partei mehr Leistungsbereitschaft fordern, um die Marktwirtschaft zu inspirieren und dadurch den Wachstum meines Vaterlandes enorm zu beschleunigen. Wenn ich es bis dahin schaffe, werde ich den Weg in die Freiheit finden. Siehst du?«

»Wenn die Physikerin der Macht über Beschleunigung spricht, redet sie dann über Politik oder über einen Atomreaktor?«

»Mein junger Fritz, beim Mädchen Angela sieht man schon, wo ihre Zukunft sie hinbringen wird.«

»Falls ich ins Parlament komme, werde ich alles privatisieren: die Deutsche Bahn …«

»Mädchen Angela, Wasser zum Beispiel ist schon privatisiert. Sie sollen sich keine Sorgen machen.«

»Wie bitte?«, fragt sie, als sie aus ihrem Tagtraum aufwacht.

»Sehen Sie nicht all die Leute, die mit Wasser in Flaschen aus dem Supermarkt kommen?«

»Was meinen Sie?«

»Die, die Wasser kaufen.«

»Stimmt! Darüber habe ich noch nicht nachgedacht.«

»Wasser ist schon vor langer Zeit privatisiert worden.«

»Deswegen trinke ich nur Leitungswasser«, erläutert Fritz und steht auf.

»Du trinkst Leitungswasser, weil du kein Geld hast, um Mineralwasser zu kaufen«, erwidert Angela.

»Stimmt nicht. Kein Wasser in Flaschen zu kaufen, ist auch eine politische Haltung von mir.«

»Hoho, das glaube ich dir nicht.«

»Musst du auch nicht«, meint Fritz darauf.

»Ich kaufe es nicht, weil ich kein Geld habe. Hätte ich Geld, würde ich es kaufen«, behauptet Herr Fischer.

Gerhard sieht Herrn Fischer skeptisch an.
Und Angela meint spöttisch.

»Sicherlich leidest du dann unter der Entscheidung.«
»Nein, meinen Entschluss habe ich auf ideologischer Ebene gefasst.«

Angelas Augen treten hervor.
Fritz spricht laut und leidenschaftlich weiter.

»Die politische Entscheidung gibt mir Kraft, dem Druck der Gesellschaft standzuhalten, in der Menschen, die kein Wasser in Flaschen kaufen, verurteilt werden.«

Und Angela meint nachdenklich.

»Es ist bestimmt hart, sehr hart, kein Mineralwasser zu trinken.«
»Hat das Mädchen Angela Hartz gesagt?«
»Nein, hart. Hören Sie mal: h-a-r-t.«
»Warum?«, fragt Gerhard, der unverzüglich unruhig wird.

Und Herr Fischer.

»Weil Hartz der Name des Gesetzes ist, das die Arbeitslosen in Dantes Inferno geschickt hat. Sicherlich hat unser damaliger Kanzler das Werk von Dante Alighieri, ›Die Göttliche Komödie‹, gelesen und sich ein paar Ideen geholt.«
»Herr Fischer, lachen Sie bitte nicht über mich, wenn Sie meine Frage dumm finden, aber warum hat der damalige Kanzler das Gesetz Hartz und nicht Hart genannt, wenn so es wäre?«

Herr Fischer macht sich bereit, um die Geschichte zu erzählen. Er geht zur Leiter, stellt einen Fuß auf die erste Stufe und sieht nach oben.

»Kein Problem, Mädchen. Sie können mich fragen, was Sie wollen. Kein Problem. Der damalige rote Kanzler hatte einen Freund, einen alten Freund, der hieß Hartz. So wie der Kanzler Deutschland in zwei Kriege verwickelt hat, träumte er noch davon, jenen Teil seines Volkes, das nicht reich, aber auch nicht arm war, in die Armut zu stürzen. Wissen Sie, ich glaube an den freien Willen. Genauso glaube ich an Zufälle. Aber manchmal bin ich verzweifelt. Das ist auch der Fall bei Herrn Hartz. Ich kann nicht glauben, dass jemand mit einem solchen Namen, Hartz, … nein, sicherlich war es kein Zufall, dass er das erbarmungslose Gesetz entworfen hat. Nach ihm wurde das drakonische Konzept für die zukünftige Generation benannt. Es war, wie sagt man, eine Ehrung an den damaligen Freund des Kanzlers. Mit ›hart‹ wollte unser Kanzler den Arbeiternehmern zeigen, dass schwierige Zeiten kommen würden. Aber Herr Peter Hartz, so lautet sein Vorname, der bei VW gearbeitet hat, ist ein übler Kerl. 2007 hat er ein ganz kleines Stück seiner Arroganz verloren. Er wurde wegen Untreue und Begünstigung des VW-Betriebsratschefs verurteilt.«

»Hoho«, lacht Fritz.

»Aber das ist nicht alles. Er war auch in einen Sexskandal mit einer Prostituierten verwickelt.«

Gerhard geht ängstlich herum, als hätte er nicht nur den Kaffee getrunken, sondern auch das nasse Kaffeepulver gegessen. Er könnte sogar kicken, nein, nicht einen Ball, sondern sich selbst.

»Wieso?«, fragt er offensichtlich unwohl.

»Firmen hatten für ihn schöne Begleiterinnen bezahlt. Es ist die Rede von 4,5 Millionen nur für Bordellbesuche und Prostituierte.«

»Hoho«, lacht Fritz wieder. »Nicht schlecht.«

»Du bringst mich mit diesem Lachen noch zur Weißglut«, warnt ihn Gerhard.

»Hoho.«

»Bitte, Fritz, sei nicht so gehässig.«

»Er ist frech«, sagt Angela.

»Eine Frage. Wissen Sie, ob er die Prostituierten nach einer Rechnung für ihre Dienste gefragt hat?«

»Gute Frage, junger Fritz, aber ich glaube nicht, ich meine, ich weiß nicht. Alles, was ich weiß, ist, dass er eine Strafe von zwei Jahren bekommen hat, wegen des VW-Falls.«

Herr Fischer geht zu Gerhard, der hinter dem Sofa steht.

»Heute frage ich mich, nach so vielen Jahren nach dem Inkrafttreten des Hartz IV-Gesetzes, was Herr Hartz und der Kanzler darüber denken, dass sie so viele Menschen unglücklich gemacht haben. Wie sehen sie die Assoziation des Elends von so vielen Menschen mit ihnen?«

Fritz versucht, den Topf von seinem Kopf zu nehmen, aber der ist nicht mehr da. Er schaut für einen Moment um sich. Dann kratzt er sich am Kopf, ohne die ganze Tragödie mitzukriegen.

»Wie lange musste Herr Hartz ins Gefängnis?«

»Hoho«, lacht Herr Fischer und schüttelt seinen Bauch dabei wie der Weihnachtsmann. »Nein, junger Fritz, wir sind nicht in den Vereinigten Staaten. Da kommen die Reichen hinter Gitter. Hier bekommen sie auf Bewährung. Wie Herr Hartz.«

»Auf Bewährung«, wiederholt Fritz nachdenklich und leise; so leise, dass man ihn kaum hören kann. Und er kratzt sich wieder am Kopf.

Während Herr Fischer über die Gefängnisstrafe von Herrn Hartz spricht, steckt sich Gerhard seine kleinen Finger in seine Ohren.

»Hör auf damit! Das nervt!«, sagt Fritz plötzlich und gibt einen Klaps auf Gerhards Hand.

»Er macht das immer, wenn er aufgeregt ist«, erklärt Angela und sagt weiter. »Gerd, hilf mir!«

»Nein. Du solltest dein Selbstbewusstsein stärken.«

Und Angela meint besorgt über Gerhards Humor und Unsicherheit:

»Bleib ruhig, mein Lieber. Du solltest deine Finger nicht so weit in die Ohren stecken.«

Gerhard macht ein schmerzverzerrtes Gesicht.

»Autsch!«

Er hat sich seine kleinen Finger tief ins Gehirn geschoben.

»Autsch!«

»Warum sind Sie in Panik, junger Gerhard? Wir Arbeitslosen leiden doch unter dem Gesetz. Wir haben Grund genug, besorgt zu sein. Sie offensichtlich nicht. Sie haben immer noch die Gazprom.«

Gerhard explodiert mit einer solchen Intensität, dass man glauben könnte, er wäre ein Gasfass.

»Warum lassen Sie sich über die Gazprom aus? Es wäre nett von Ihnen, wenn Sie darüber nicht mehr reden würden.«

Obwohl Gerhard sich nicht gut benimmt, erwartet er von anderen Diplomatie; sogar wenn man sich verarscht fühlt.

»Aber warum nicht, junger Gerhard?«
»Wie oft soll ich Ihnen noch sagen, dass meine Eltern von der Gazprom profitieren, nicht ich?«
»Wirklich, junger Gerhard?«

Fritz bietet Gerhard sofort das Hasch an, das er nimmt und tief inhaliert.

»Aber klären wir diese Geschichte einmal«, sagt Gerhard, während Rauch aus seinem Mund und seiner Nase kommt, als wäre er vom Teufel besessen. »Sie sind nicht arbeitslos. Sie arbeiten für meine Eltern.«
»Doch, mein junger Gerhard, ich bin arbeitslos. Ich bin seit langem arbeitslos. Oder meinen Sie, dass jemand wie ich, der sein Leben lang als spezialisierter Automechaniker in einer Fabrik gearbeitet hat und plötzlich arbeitslos wird, als Gärtner zufrieden ist? Denken Sie, dass das, was der Staat mir unter Druck aufgezwungen hat, eine Arbeit ist?«
»Ich denke schon«, sagt Angela imposant.

Jetzt erst bemerke ich, dass Angela die knallgelbe Blume immer noch nicht an ihren Platz zurückgesteckt hat, sondern sie in der rechten Hand hält.

»Nein, das ist keine Arbeit, meine Jungen. Das ist nur eine Ausrede. Der Staat will Millionen Arbeitslose aus der Statistik nehmen. Dazu gehöre auch ich. Wir sind nur Nummern in eine endlosen Liste. Wir sind, was vom Neoliberalismus übrig geblieben ist: der Rest. Der Müll. Durch unseren damaligen Kanzler ist der Neoliberalismus voll in Fahrt gekommen. Und die aktuelle Regierung setzt nun fort, was die alte rot-grüne angefangen hat. Die Arbeitnehmer und Arbeitslosen leben jetzt in der Pracht und Herrlichkeit der heiligen Ideologie des Neoliberalismus. So denken unsere Repräsentanten, die Neokons. Um uns zu verleumden, sagen sie, wir Arbeitslosen wollen nicht arbeiten, sondern vom Staat leben. Die sagen, wir wollen wie Blutegel leben. Den Armen Geld zu geben, anstatt die Verzerrung zu korrigieren, verstärkt der Staat die Arbeitslosigkeitskrankheit. Ja, junger Gerhard, Arbeitslosigkeit ist heute eine Krankheit.«

Und Angela meint mit Weitblick.

»Aber wenn Arbeitslosigkeit eine Krankheit ist, dann sind Ein-Euro-Jobs eine Art Krebs.«
»Stimmt, Mädchen Angela. Ich bin krank. Ich bin unheilbar krank. Ich bin ein unheilbar arbeitsloser Krebskranker. Ich werde an der Ein-Euro-Job-Krankheit sterben. Die Neoliberalen, die jetzt regieren, wollen uns Arbeitslose den Rest des Lebens mit gesenktem Kopf gehen lassen. Der damalige rote Kanzler hat mit dieser Schweinerei angefangen. Die Regierung, die danach kam, setzt uns weiter unter Druck.«

Angela drückt intuitiv die gelbe Blume an ihr Herz.

»Die Regierung stellt uns unter ein Drehkreuz und quetscht, bis sie uns in Saft verwandelt hat. Am Ende tropfen nur noch, wie der Saft des Todes.«

»Die damalige oder die aktuelle Regierung?«, will Fritz unterscheiden.

»Beide. Sie sind verwandt, aber nicht gleich. Und wissen Sie warum nicht, obwohl sie eine ähnliche Politik gegenüber den Arbeitnehmern und Arbeitslosen fortsetzen? Die damalige Regierung wurde gewählt, um das Leben des Volkes zu verbessern, um das Soziale zu beachten, um die Schwächeren zu schützen und ihnen Schlupfwinkel zu geben. Die schwarze Regierung ist im Gegenzug dazu da, egal, mit welcher Partei sie koaliert, um die Arbeitgeber zu repräsentieren, die Interessen des Kapitals zu vertreten und seinen Stellenwert zu verteidigen. Die Schwarzen sind ihren Wählern treuer. Ehrlicher. Vertrauenswürdiger. Die damalige Regierung hat uns alle betrogen.«

Gerhard ist außer sich.

»Der rote Kanzler ist immer dort gewesen, wo Solidarität und soziale Gerechtigkeit sind, und er hat für die Interessen der Arbeitnehmer gekämpft. Er sagte, er wollte, dass die Starken den Schwachen helfen, stark zu werden.«

»Junger Gerhard, Sie sprechen wie ein Roboter, ein Anrufbeantworter. Keiner glaubt an das, was Sie sagen. Der damalige Kanzler war der Totengräber des Arbeiternehmers. Als er die Tür hinter sich zumachte, schlug er sie gegen unsere Totenköpfe.«

Und Fritz, der ganz schnell in die Küche gegangen und zurückgekommen ist mit einem Glas Kirsch Whisky für Angela und einem mit Leitungswasser für sich, sagt.

»Gerd, achte darauf, dass du nicht ein unsensibler Mensch wirst, achte darauf, dass du nicht ein Lügner wirst.«

Und Herr Fischer meint bitter. »Wir Arbeitslosen sind nicht einverstanden mit dem Marktgott, der uns einen miserablen Lohn bezahlen will. Eine Zeitung sagte zum Beispiel, dass jeder ein Idiot ist, der arbeitet, wenn man vom Staat leben kann. Wer täglich arbeitet und trotzdem Staatshilfe beantragen muss, weil sein Lohn zu niedrig ist, um zu essen und die Miete zu bezahlen, der ist kein Idiot, der ist ein Malocher. Ein Sklave. Und die Sklaven sind keine Idioten, sondern Unterdrückte.«

»Aber das ist der Marktpreis«, sagt Angela, die falls eine Firma gründet, schon einmal ihre zukünftigen Interessen verteidigt.

»Die Neoliberalen sagen, wir Arbeitslosen müssen zuerst von unserem Notgroschen leben, bevor wir Staatshilfe beantragen. Die drängen uns dazu, von unseren Reserven zu leben. Und ich sage Ihnen, junger Gerhard, die Mehrheit von uns hat hart, nicht ›hartz‹ gearbeitet, um ein bisschen Sicherheit im Alter zu haben«, sagt Herr Fischer und lacht ein trauriges Lächeln. »Heute, nach ein paar Jahren als Arbeitsloser, habe ich nichts mehr. Keine Ersparnisse. Nichts!« Herr Fischer bleibt in der Mitte des Raums stehen und stülpt beide Hosentaschen nach außen. »Sogar meine Wohnung habe ich verkauft, um meine behinderte Mutter zu unterstützen. Ja, junger Gerhard, der Staat will meiner Mutter nicht helfen. Und sie ist eine Frau, die ihre ganzes Leben gearbeitet hat. Sie ist eine von Millionen von Frauen, die unserem Vaterland während und nach dem Krieg geholfen haben, wieder auf die Beine zu kommen. Heute bekommt sie eine magere Rente, aber so mager, dass man die Brustknochen sehen kann. Sie reicht nicht, um davon zu leben. Meine Mutter ist sehr alt, junger Gerhard. Aber ich auch, junger Gerhard. Ich bin schon zu alt für den Markt. Ich werde keine

Arbeit mehr finden, für die ich so gut bezahlt werde wie damals. Die neue Generation wird meinen Arbeitsplatz übernehmen. Und wenn sich nichts ändert, was ich nicht glaube – weil irgendwas passieren muss! –, werden die Jungen, die kommen, zuerst ausgebeutet werden, und wenn sie alt werden, werden sie entlassen, wie ich und viele meiner Kollegen. Ich weiß, meine Zeit ist vorbei. Leider zu früh. Ich werde den Rest meines Lebens in Armut leben. Und sterben, junger Gerhard.«

In diesem Moment ist das Schweigen so laut, dass sich Fritz beide Ohren zuhält.

»Wo gehobelt wird, fallen Späne.«

Angela und ihr analytisches Denken.

»Will das Mädchen Angela damit sagen, dass wir Arbeitslosen für das Versagen des Neoliberalismus verantwortlich sind? Dass wir für seine Unfähigkeit, eine kompetente Wirtschaftsplanung in die Tat umzusetzen, Verantwortung tragen?«
»Wenn die Misere so schlimm ist, warum spielen Sie nicht Lotto? Es wäre ein Ausweg.«

Angela, oh, Angela ...

»Mädchen Angela, ich möchte nicht unfreundlich sein, deswegen werde ich eine ganz kurze Antwort darauf geben: Es gibt kein Geld dafür.«

Und Fritz meint schockiert.

»Wo ist unsere damalige soziale Solidaritätsgesellschaft?«

»Nach der Einführung des Neoliberalismus gibt es sie nicht mehr. Jetzt leben wir im Sozialdarwinismus. Ich meine, wir leben im Sozialkannibalismus. Wir fressen uns gegenseitig. Und der Staat, der von allen das größte Maul hat, frisst die, die unter der neuen Ordnung schwächer geworden sind.«

Gerhard sieht Herrn Fischer angewidert an.

»Ja, junger Gerhard, sicherlich werden Sie nie finanzielle Probleme haben. Sie haben die Gazprom. Insofern werden Sie nicht verstehen, dass wir anstelle eines Schutzstaates jetzt einen Raubstaat haben.«

Fritz ist beeindruckt. »Das wäre dann die Superposition von privaten und öffentlichen Interessen.«

»Junger Fritz, Sie fangen an, zu verstehen.«

Gerhard trinkt sein Bier in einem Schluck aus. Danach rülpst er sehr laut. Wie ein Tier.

»Nein!«, schreit Gerhard defensiv. »Alles, was die rot-grüne Bundesregierung wollte, war, den Arbeitsmarkt zu reformieren, Langzeitarbeitslosen neue Chancen zu geben und für neue Arbeitslose rasch neue Jobs zu finden.«

Herr Fischer hört nicht, was Gerhard wie ein Echo wiedergibt. Er liest etwas aus der Zeitung vor, die er zufällig aufmacht.

»Sehen Sie hier. Ein Bundesminister sagt, die Arbeitslosen sollen im Winter einen dicken Pullover anziehen und unter 17°C leben, um Heizungskosten zu sparen.«

Und Angela fragt aufgeregt. »Was will er damit sagen?«

»Er will, dass die Arbeitslosen sterben«, antwortet Fritz.

Und Herr Fischer meint bedeutungsvoll. »Was Sie nicht wissen, meine Jungen, ist, dass wir alle gleich in unserem Leid und in unserer Hoffnung sind. Der Unterschied zwischen uns liegt im Reichtum oder in der Armut, in der wir leben. Wissen Sie, dass jedes siebte Kind in Ostdeutschland in Armut lebt? Und dass jedes vierte in Verarmung in Westdeutschland lebt? Dass zwei von fünf alleinerziehenden Frauen in Verelendung in Deutschland überleben? Der Staat sollte schon lange wissen, dass der beste Weg, die Wirtschaft zu beleben, darin besteht, die Armen zum Konsumieren zu bringen. Je größer die Distanz zwischen Arm und Reich, desto ärmer wird das Land. Je größer die Schere zwischen mittellosen und vermögenden Bürgern, desto größer ist die Chance, dass eine populistische Regierung an die Macht kommt. Meine Jungen, Gandhi hat vor langer Zeit gesagt, ›Armut ist die schlimmste Form von Gewalt‹. Und ich sage: Armut ist der schnellste Weg, einen faschistischen Staat zu bilden.«

»Herr Fischer, der damalige Kanzler wollte, dass Arbeit ein echte Chance für sozialen Aufstieg bietet.«

»Junger Gerhard, Sie sprechen schön. Ihr Studium ermöglicht Ihnen, schöne Worte zu lernen und zu gebrauchen. Aber mit prächtigen Worten können Sie die Würde von jemandem, der von einem Ein-Euro-Job lebt, nicht wiederherstellen.«

»Arbeit sollte gerecht bezahlt werden«, fügt Gerhard hinzu.

Und Fritz. »Aber wie macht man das mit einem Ein-Euro-Job?«

»Ich kenne diese Geschichte, junger Gerhard. Aber ich lasse mich damit nicht hinters Licht führen.«

Und Angela beweist, dass sie was in Hirn hat.

»Gerd, warum soll ein Unternehmer einen gerechten Lohn bezahlen, wenn er weiß, dass er jemanden für einen Ein-Euro-Job kriegt?«

Gerhard deutet mit seinen Händen und einer Kopfbewegung an, dass er es nicht weiß.
Und Fritz, der den Topf wieder auf seinem Kopf hat, meint.

»Aber warum rebelliert das Volk nicht dagegen? Das kann ich nicht begreifen.«

»Meine Jungen, lassen Sie mich Ihnen was erklären, das scheinbar nichts mit Ihrer Frage zu tun hat. Aber es hat damit zu tun. Die Regierung bezahlt ungern Essen-, Kleidungs- und Heizungskosten, aber gern Fernsehen für die Arbeitslosen. Oder haben Sie irgendwas gelesen, irgendeine Klage von der Regierung gehört gegen die GEZ? Ich antworte Ihnen mit einem klaren und deutlichen Nein. Keine Beschwerde. Kein Lamento.« Herr Fischer spricht und zeigt auf den Fernsehen. »Fernsehen ist heute, was früher Religion war: Opium für das Gehirn. Fernsehen verblödet die Menschen. Mensch vor dem Fernseher denken nicht. Und das ist genau das, was der Staat will: dass man nicht denkt. Denken ist gefährlich. Solange das Volk vor den Geräten ruhig bleibt, ist alles unter Kontrolle. Das Volk ist anästhetisiert. Schon am Anfang des 20. Jahrhunderts sagte Rosa Luxemburg, eine polnische marxistische Theoretikerin, die mit einem aufgesetzten Schläfenschuss umgebracht und in den Berliner Landwehrkanal geworfen wurde, dass das deutsche Proletariat wie ein Kadaver stillsteht. Unbeweglich. Die Arbeiterklasse hält nicht zusammen.«

Gerhard geht wie ein Zombie hin und her. Er zittert. Es scheint, als hätte er Angst, dass man denken könnte, dass er einen Pakt mit dem Teufel abgeschlossen hat.

»Keine Panik!«, sagt Fritz.

Und Angela seufzt. »Was ist so gefährlich daran, wenn man denkt?«

»Wer denkt, stellt Fragen, stellt Verbindungen her. Und früher oder später kommt man zu einem Ergebnis, über das sich sicherlich nicht alle freuen.«

Angela kommt zwei Stufen weiter runter und posiert glamourös, als hätte sie eine Fernsehkamera vor sich. Sie versucht, die Blume wieder anzustecken, aber schafft es nicht. Sie fragt Fritz, ob er ihr helfen kann.

»Nein«, antwortet er. »Dafür braucht man feine Finger.«

Angela fragt Herrn Fischer, der auf einem Hocker sitzt.

»Nein, Mädchen Angela, dafür braucht man Adleraugen.«

Es bleibt nur Gerhard übrig, der immer noch hinter dem Sofa steht, wie eine Statue.

»Du Gerd!?«, fragt sie ganz vorsichtig.

Er nickt und geht zu ihr. Ganz sorgfältig steckt er die Brosche an die Stelle, wo sie es vorher war.

»Ist das gut?«
»Ja, mein Engel.«

»Bist du wirklich zufrieden?«

»Ja, mein Lieber.«

»Angie, du bist so süß. Was wäre ich ohne dich?«

»Nichts, mein schnuckeliger stinkreicher Junge.«

Und er sagt mit einem zynischen Gesicht und einer dramatischen Geste.

»Angie, vielleicht verstehst du und siehst, was Herr Fischer nicht kapieren will. Die Frage ist nicht, wer der Sieger und wer der Verlierer in diesem System ist ...«

»Sondern?«

»Was besser für den Staat ist.«

Und Fritz meint außer sich.

»Aber was ist der Staat? Du sprichst über ihn, als wäre er etwas Abstraktes. Der Staat, den du verteidigst, repräsentiert die Interessen der Neoliberalen.«

Liebe Leser, ist der Staat wie ein Buch, eine Zeitschrift, eine Zeitung oder ein Fernsehkanal, der die Interessen einer Seite abschirmt und vertritt?

»Und das Spiel?«, fragt Angela plötzlich von der Leiter aus.

»Welches Spiel?«, fragt Fritz.

»Stellen wir weiter Fragen oder nicht?«

»Ach so, stimmt!«, sagt Fritz, mit einer Hand unter dem Kinn.

»Welche Fragen?«

»Unser Spiel, lieber Gerd. Machen wir weiter oder nicht?«

»Das habe ich schon lange vergessen.«

»Und!? Ich bin dran.«

»Es ist mir vollkommen egal.«

»Dann machen wir weiter.«

Fritz nimmt eine Karte und gibt sie Angela, die wieder ganz oben sitzt und vorliest.

»Wer hat das gesagt? ›Herr Fischer, ich erwarte von Ihnen nicht nur, dass Sie sich für das Werfen von Steinen auf einen konkreten Menschen entschuldigen. Ich erwarte von Ihnen vielmehr auch, dass Sie sagen: Ich hatte in der damaligen Zeit eine total verquere Sicht von der Bundesrepublik Deutschland. Ich habe mich geirrt. Ich habe eine falsche Sicht gehabt. Dies war nicht die richtig Sicht, und ich habe deshalb Buße zu tun und das anzuerkennen.‹«

Gerhard lacht, bis er sich ankotzt.
Fritz versteht nicht, warum Gerhard lacht.

Angela wirft einem Dekobuch nach Gerhard und sagt. »Du bist immer noch peinlich.«

Herr Fischer ist sehr traurig, aber er lacht trotzdem. Scheu. Und sagt, nachdem er sich heimlich die Augen getrocknet hat.

»Es gibt so viele Probleme, über die sich die Schwarzen Sorgen machen sollen. Es gibt so viele Menschen, die die Hilfe des Staates braucht. Und das Mädchen Angela kommt ins Parlament, um über Steine zu sprechen, die vor mehr als dreißig Jahren geworfen wurden?«

Die drei Freunde schauen einander an.

Herr Fischer bleibt vor den leeren Flaschen stehen und fragt: »Junger Gerhard, darf ich Ihnen eine Frage stellen?«

»Aber selbstverständlich!«, antwortet er, nachdem er seinen Mund mit einer Serviette abgewischt hat.

»Darf ich vielleicht alle diese Flaschen mitnehmen?«

Gerhard versteht nicht, was er damit will.

»Darf ich?«, wiederholt Herr Fischer.

»Die Flaschen? Aber warum? Wozu?«

Und Herr Fischer flüstert, als ob er ein Geheimnis verrät.

»Ich gebe sie im Supermarkt zurück. Es ist ein Extrageld, wissen Sie? Und ich brauche es. Vielleicht wissen Sie es nicht, aber ich muss ganz vorsichtig sein. Die Zeitungen sagen, dass die Arbeitslosen und die, die von Ein-Euro-Jobs leben, ganz streng kontrolliert werden müssen. Sie sagen, wir sind Betrüger. Daher dürfen wir beschattet werden!«

Und Gerhard mit einem hässlichen Gesicht.

»Was bedeutet das?«

»Der Staat muss uns ständig beobachten.«

»Aber Sie sind keine Banditen.«

»Sie wissen das, Ich weiß das auch.«

»Dann brauchen Sie sich ja keine Sorgen machen«, sagt Fritz.

Und Herr Fischer weiter.

»Damals haben die Nationalsozialisten die Kommunisten, die

Homosexuellen, Schriftsteller, Wissenschaftler und alle, die sich gegen ihre Ideologie gestellt haben, verfolgt. Die waren die Feinde des Staates. Heute sind die Arbeitslosen die Staatsfeinde. Der Staat jagt uns, als wären wir Verbrecher.«

Fritz kann kaum glauben, was er da hört. Er spricht wie ein Schlafwandler.

»Wenn es so weitergeht, werden die Arbeitslosen bald ein Symbol tragen als Kennzeichnung.«

»Wie meine geliebte knallgelbe Blume?«

»Kann sein, meine Jungen. Die Arbeitslosen erleben einen sehr schnellen Prozess von Verarmung und Entwürdigung. Als Beispiel gebe ich Ihnen die Monatsfahrkarte. Auf der steht ›Sozialkarte‹. Diese müssen wir zur Kontrolle zeigen. Bald werden wir kein Geld mehr, sondern Gutscheine bekommen. Überall, wo wir einkaufen gehen, werden alle wissen, dass wir Arbeitslose und Arme sind. Die Miete soll nicht mehr an uns, sondern direkt an die Vermieter gezahlt werden, falls wir überhaupt noch ein Dach über dem Kopf bekommen. Binnen kurzer Zeit sollen wir die Rattenplage bekämpfen. Für jede Ratte zehn Cent.«

»Der Staat will sie erniedrigen, beschämen und degradieren«, sagt Fritz empört. »Was sie vorschlagen, ist zynisch und ein Verstoß gegen die Menschenwürde.«

»Das ist nicht alles. Die Zeitungen wiegeln die Bürger, die noch Arbeit haben, gegen die Arbeitslosen auf. Sie fordern den Staat auf, Hausbesuche zu machen und unsere Schränke zu kontrollieren.«

Und Angela wieder mit ihrem analytischen Denken.

»Ich bin einverstanden mit der Überwachung.«

Fritz geht ziellos um die Möbel herum. Die Freunde schauen ihm unkonzentriert zu. Jede denkt über das, was gerade gesprochen wurde, nach.

Gerhard fragt Angela ärgerlich. »Wann wirst du endlich runterkommen?«
»Niemals. Ich werde hier oben den Rest meines Lebens verbringen.«

Da nähert sich Fritz der Leiter und stolpert über den Besenstiel. Er versucht, die Balance wiederzufinden, aber schafft es nicht. Er stürzt und der Topf fällt von seinem Kopf und macht viel Lärm. In letzter Sekunde schafft er, sich noch an der dritten Stufe der Leiter festzuhalten.

»Achtung!«, schreit Angela.
»Pass auf!«, schreit Gerhard.

Zu spät. Angela fällt auf den Boden. Genau vor Fritz, der schnell aufsteht.

»Siehst du, meine liebe Jeanne d'Arc, du schaffst es, herunterzukommen«, sagt Gerhard in einem verbitterten Ton.
»Und ohne dich«, antwortet sie fassungslos auf allen vieren.
»Aber mit meiner Hilfe«, sagt Fritz schüchtern.

In diesem Moment klingelt das Telefon noch mal. Gerhard denkt, es ist schon wieder Joschkas Mutter. Er hat keine Nerven mehr, ihr wieder dasselbe zu sagen.

»Gehst du nicht ran?«, fragt Angela zwischen Leben und Tod.

»Hab keinen Bock.«

Gerhard steckt die Finger in beide Ohren.

»Gerd, hör auf, in deinen Ohren zu bohren!«

Er ist unkontrollierbar.

»Wer, ich? Bist du verrückt?«, sagt er und legt sich auf das Sofa.

Er merkt nicht, was er tut.

»La-ra-ra-ra …«
»Was singst du da so leise, mein lieber Gerd?«
»Ein altes Lied, das ich als kleiner Junge gelernt habe.«

Angela steht auf. Sie will zu ihm, aber das Telefon klingelt noch mal.

»Gerd!?«
»Nein!«, sagt er irritiert.

Angela geht ans Telefon.

»Angela hier.«
» … «
»Oh mein Gott!«

Nach einem kurzen Gespräch legt sie auf.

»Wer war das?«, fragen alle drei unisono.

»Rudolfs Mutter.«

Und die drei wieder.

»Was ist passiert?«
»Rudolf ist tot.«
»Wie bitte?«, fragt Gerhard.
»Er ist im Schwimmbad ertrunken.«
»Und er war so sharping auf sie«, kommentiert Fritz geistesabwesend.
»Scharf!«, korrigiert ihn Angela sofort.
»Komm her, meine Angie«, sagt Gerhard total besoffen.

Angela setzt sich zu ihm und er legt seinen Kopf auf ihren Schoß. Er fängt an, melancholisch zu singen.

»Der Insulaner verliert die Ruhe nicht,
der Insulaner liebt keen Getue nicht,
der Insulaner hofft unbeirrt,
dass seine Insel wieder 'n schönes
Festland wird.
Ach, wäre das schön.«

Herr Fischer, der hinter dem Sofa steht, schaut rätselhaft die Flasche, mit etwas zur Hand.

»Sind Sie noch da?«, fragt Gerhard Herrn Fischer nach einer Weile.
»Ja, junger Gerhard.«
»Was wollen Sie noch?«

»Sie haben mir noch nicht geantwortet, ob ich die Flaschen mitnehmen darf.«

Gerhard legt den Kopf in den Nacken, um mehr Luft zu bekommen, und antwortet mit künstlicher Stimme.

»Sie dürfen.«

Herr Fischer öffnet die vier Aldi-Tüten und fängt an, die mehr als dreißig Flaschen einzupacken.
Gerhard hat vergessen, was er damit machen wollte.

»Was wollen … ah machen …?«
»Junger Gerhard, ich werde sie verkaufen. Damit kann ich etwas dazuverdienen.«
»Ach so!«

Fritz sagt. »Herr Fischer, passen auf Sie auf, dass Sie nicht einen miserablen Schnüffelbeamten treffen.«

Herr Fischer weiß, wovon er spricht.

»Machen Sie sich keine Sorgen, junger Fritz. In einer Gesellschaft, in der sich die Reichen immer freikaufen, egal, wie viel sie geklaut haben, lernt man, sich in der Schatten zu bewegen.«

Die drei Freunde schlafen.
Herr Fischer geht weg.

Vorhang

PS: Liebe Leser, ich gehe davon aus, dass Sie über den ›Kauf‹-Stopp im Frage-Antwort-Spiel ab Kapitel fünf überrascht sind. Ich merke an, dass dies kein Versehen war. Es war Absicht.

Mir ist aufgefallen, dass Angela und Gerhard immer teure und grandiose Gegenstände ›gekauft‹ haben, während Fritz nur ein Paar Flip-Flops für sich gewonnen hat.

Deswegen habe ich gedacht, nein, diese zwei sollen nicht mehr triumphieren. Die sollen nicht mehr auf Fritz' Kosten profitieren, ihn nicht mehr ausnutzen, ausbeuten. Da Fritz neben den beiden Freunden keine Chance hatte, entschied ich mich dazu, das ›Kaufen‹-Spiel zu stoppen.